Klaus Weyers
Jeden Morgen kräht der Hahn

Klaus Weyers

Jeden Morgen kräht der Hahn

Selbsterkenntnisse eines aufgeweckten Priesters

benno
VERLAG

Illustrationen: Jutta Hellgrewe, Leipzig
Einband: Ulrike Vetter, Leipzig

Die Deutsche Bibliothek – CIP-Einheitsaufnahme

Weyers, Klaus: Jeden Morgen kräht der Hahn : Selbsterkenntnisse eines aufgeweckten Priesters / Klaus Weyers. - 2. Aufl. - Leipzig: Benno-Verl.,1997
ISBN 3-7462-1215-4

ISBN 3-7462-1215-4

2. Auflage 1997
Typografie und Satz: St. Benno–Verlag
Druck und Binden: Druckerei zu Altenburg

Inhaltsverzeichnis

Jeden Morgen weckt der krähende Hahn den Geistlichen Rat Klaus Weyers aus dem Schlaf des Gerechten. „Bekannt wie ein bunter Hund" ist dieser nicht nur in der Diözese Görlitz, sondern vor allem auch bei den Lesern der Berliner Kirchenzeitung, denn seit vielen Jahren sind seine humorvollen, liebenswürdig-ironischen Artikel in fast jeder Nummer mit das Erste, was man liest. Und auch die Selbstbiographie des in jeder Hinsicht aufgeweckten Autors hat es in sich: Der Leser wird bei ihrer Lektüre nicht nur schmunzeln, sondern der Wirklichkeit und mancher Widrigkeit des Alltags begegnen, aus dem Gott die unterschiedlichsten Typen in seinen Dienst ruft. Eine besondere Type freilich ist der KPD-Mann (= Kleinster Priester Deutschlands) Klaus Weyers, den man wohl übersehen, nicht aber überhören kann. Er erzählt aus seinem Leben – von der Wiege bis zu den sich schon beträchtlich grau färbenden Haaren.

Klaus Weyers, geboren 1933 im Rheinland, aufgewachsen in der Niederlausitz, nach der Maurerlehre Abitur im Norbertinum, Theologiestudium in Erfurt, 1961 zum Priester geweiht, danach Kaplan in Cottbus und Neuzelle, Spiritual im Sprachenkonvikt Schöneiche und im Priesterseminar Neuzelle, zwischendurch Religionslehrer im St. Carolus-Krankenhaus in Görlitz, seit 1988 Referent im Seelsorgeamt und Geistlicher Rat.

Meine ersten Schöpfungstage

Einerseits Spinat und Spiegelei, andererseits Grießbrei mit Zucker und Zimt, so etwa bringt mir die Rückerinnerung das eßbare Koordinatensystem meiner frühen Kindheit ins Gehirn. Der Vater war K. u. K., was in diesem Fall nichts mit Österreich zu tun hat. Er hatte als Eckpfeiler seiner mit Mühsalen vollgestopften Existenz den Kriegerverein und die Kirche. Kriegerverein und Kirche etwa im Maßstab achtzig zu zwanzig. Im Kriegerverein war ihm Sicherheit beschieden. Wenn jemand nur knapp einsfünfzig groß ist, wird er im freien Lebensraum nur zu schnell der Pausenclown. Das ist eine Erfahrung, die der immerhin einssechsundfünfzig große Sohn auch machte. Die alten Kameraden von den Achtunddreißig-Siebenundsechzigern nahmen Peter unbewitzelt in ihre Mitte. Das tat ihm gut. Was die Chiffre Achtunddreißig-Siebenundsechziger bedeutete, habe ich nie ergründen können. Sie muß etwas mit den Nummern auf den ledernen Geländehüten zu tun haben, die man zu Anfang des ersten, aber leider nicht letzten Weltkrieges trug. Die späteren eisernen Hüte hatten solche Numerierung nicht mehr. Die Frau meines Vaters war meine Mutter. Ich sage das, weil diese im Modell Adam und Eva zu Urzeiten vorgeplante und altmodische Selbstverständlichkeit heute fast total außer Mode gekommen ist. Wenn ich also Papa sagte, traf das den Kern der Sache. Wenn ich Mami sagte, hatte das seinen Wahrheitsgehalt in sich. Wenn beide mich als Sohn anredeten, stimmte das in jeder Beziehung. Es war keine Gleichung mit ein oder zwei Unbekannten. Wahrheitshalber muß ich hier anfügen, daß mich beide niemals als Sohn angeredet haben. Von Seiten der mütterlichen Autorität hieß ich schlicht und einfach Mäuli, während mein elf Monate älterer Bruder auf Päuli hörte. Woher diese samtweichen, zarten Kosenamen mit ihrem Hauch von Nelkenduft kamen, ist in der Geschichte der deutschen Sprache bisher noch nicht erforscht worden.

Unser Lebensstandard bestand erstens darin, daß wir diesen Begriff angestaunt hätten wie einen Sowjetstern auf einer Bischofsmitra. Es gab ihn einfach nicht. Zweitens besaßen wir ein vornehmes Wohnzimmer mit lederbezogenen Stühlen. Da solche Wohnzimmer normalerweise unbewohnbar waren und nur zu Beerdigungen und Pfarrerbesuchen geöffnet wurden, lebten wir in einer Art Wohnküche ohne Wasser und elektrisches Licht. Ein Pfarrer ward übrigens in unserer Blumenstraße 24 nie gesehen. Dennoch hält man mich unter Kirchensteuerzahlern für einen einigermaßen annehmbaren Sohn der Mutter Kirche. Nun zum dritten Punkt unseres Lebensstandardes. Der ist schnell zu schildern. Wir hatten kein Geld und waren das, was man einfach arm nennt. Mit den Scheinen, die man bei einem Essen mit Freunden dem Kellner verschämt unter die Serviette steckt, mußten wir ganz sicher einen langen Monat durchkommen. Daß Armut seligzupreisen sei, habe ich erst in der Theologie gelernt. Im Originalzustand tut sie erst einmal weh, und das nicht zu knapp. So zum Beispiel, wenn Mama versuchen mußte, zu Sachen zu kommen, damit wir beiden Söhne ansehnlich und proper und den Vorstellungen einer bürgerlichen katholischen Bevölkerung entsprechend zu Fronleichnam mitgehen konnten. Wenn dann auch noch die recht wohlhabende Verwandtschaft bei jeder Gelegenheit merken läßt, man sei nur deshalb arm, weil die Mami den falschen Papi geheiratet habe, ist ein kleines Kindheitsdrama schon programmiert. Löschen kann man solche Programme zwar im

Computer, aber nicht in der Seele. Das bleibt eingespeichert.

Zu einer Werktagsmesse versammelte Toni, die Ehegemahlin ihres Gatten Peter, uns zwei Kinder in St. Dionysius. Da machte ich mein frühestes religiöses Erlebnis. Der Priester kam mit zwei Ministranten zum Altar. Er trug ein Meßgewand aus violettem Samt. Ich sehe das Bild noch heute deutlich vor mir. Unser Hochaltar war von einem goldenen Baldachin überwölbt, der den totalen Krieg und sogar die Umgestaltung der Kirche in den siebziger Jahren überstanden hat. Unter diesem Baldachin also verrichtete der junge Priester die liturgischen Handlungen. Vor der Kirchtür, es war das linke Seitenportal, fragte ich meine Mutter, warum denn der Priester in der Kirche Bier trinke. Die Erwachsenen nehmen uns Kinder nie ernst. Alle eben noch so frommen Gottesdienstbesucher brachen in wieherndes Gelächter aus. Keiner gab mir eine Antwort. Vielleicht habe ich damals im Innersten beschlossen, einmal Theologie zu studieren, um die Wahrheit herauszufinden. Doch bis zur Theologie verging noch ein Krieg und eine europäische Umsortierung beträchtlichen Ausmaßes.

Bilder aus der Kindheit werden im Alter in die goldenen Rahmen der Erinnerung gesteckt. Man muß da sehr vorsichtig sein. Alles spätere Sammeln der bunten Schnipsel ist schon eine Interpretation. Die langen sonntäglichen Spaziergänge mit den Eltern waren neben ihrer gesundheitsfördernden

Wirkung sicher auch strapaziös für die kleinen Gehwerkzeuge.
Aber wenn eine Familie weder Fernsehen noch Radio hat, muß sie sich irgendetwas ausdenken. Am ersten September 1939 wollten wir einen schönen Marsch am Rhein entlang zelebrieren. Es war der Hochzeitstag meiner Eltern. Es gab keine Rheinpartie. Der Krieg hatte begonnen. Wir müssen damals fast hysterisch in Sachen Patriotismus erzogen worden sein. Jeder Offizier wurde von uns als komplettes deutsches Heldenepos verehrt. Ich kam mit meinen fünf Jahren auf die Frage des Tötens. Töten ist eine ganz schwere Sünde. Meine Überlegungen gingen weiter: Wenn ein Soldat jemanden totschießt, sündigt er dann? Mein Vater antwortete: „Soldaten sündigen nicht“. Gemeint waren natürlich nur großdeutsche Soldaten. Da hatte der Teufel einem liebenswürdigen, schlichten Mann, der keiner Fliege etwas zuleidetun konnte, einen schlimmen Floh ins Ohr gesetzt. Die Antwort des Vaters hat mich nicht beruhigt. Sie mußte ausgelitten werden. Wie erträgt eine Kinderseele die Ahnung, daß Vaters Worte, die sonst immer Sicherheit gaben, nun Falsches oder Böses aussagten? Später weiß man, daß auch Väter und Mütter nicht unfehlbar sind. Am Anfang ist das große Urvertrauen zu den Eltern. Es bleibt nicht bestehen und darf es auch nicht.

Damals kannte ich von der musikalischen Weltliteratur schon die „Petersburger Schlittenfahrt“ und das „Gebet einer Jungfrau“, zuzüglich dem mächtigen Kriegslied „Die Wacht am Rhein“. Mutter spielte solche Piecen, wie man damals wohl noch sagte, auf ihrem Erstkommunionklavier. Vater sang mit seinem Heldentenor dazu, gekleidet in abwaschbarem Gummikragen, Selbstbinder mit Gummizug und Hemdsärmeln. Aus der deutschen Dichtung kannte ich komplett auswendig den schönen Vers: „Bis früh um fünfe, liebe Maus, dann muß der Papa wieder raus.“ Dieses kostbare Gedicht zitierte mein Vater jeden Abend mit dramatischer Stimme, wobei Mama vor Entsetzen erbleichte. Sie kannte den Vers schon lange. Aus dieser musikalischen Tradition kommend, lernte mein Bruder später Klavierspielen, während ich mit Bravour die Landsknechtstrommel schlug, erst die von der HJ, dann die von der FDJ.

Das Strickmuster meiner Kindheit weist auch eine Oma auf. Die drei anderen möglichen Großelternteile waren schon den Weg alles Irdischen gegangen, als ich bewußt zu leben begann. Diese mir noch bewußt gebliebene Großmutter wollte immer von mir wissen, was der Pfarrer in der Sonntagsmesse gepredigt hatte. Sie gab auch ihr Statement ab, als ich in der St. Dionysius-Pfarrkirche Schwierigkeiten bekam. Wir hatten wegen der Menge der Kirchbesucher einen Kirchenschweizer, sozusagen einen innerkirchlichen Sicherheitsbeamten. Der trug einen Talar nach Art der evangelischen Pfarrer – jeweils in der herrschenden Kirchenfarbe. In einem der langen und feierlichen Gottesdienste nun strebte die von mir genossene Frühstücksmilch zu schnell dem natürlichen Ausgang zu. Mutig kletterte ich aus der Bank und wendete mich an den Kirchenschweizer, Hilfe und Rettung erflehend. Der aber war wohl mit Kinderfrühstücksmilch und deren Drang nach Freiheit überfordert. Er schickte mich grimmigen Gesichts wieder in die Bank zurück. Diese Bank färbte dann unter dem Einfluß der ausgelaufenen Frühstücksmilch etwas ab und bekam seltsame Flecken. Meine Oma nun teilte mir streng mit, daß auf solche Gotteslästerung hin die Kirche neu geweiht werden müsse. Heute weiß ich, daß dies nicht der Fall ist.

Für die Unmündigkeit der damaligen Laien spricht, daß meine Eltern sieben Bänke hinter mir den Vorgang beobachteten und nicht einzugreifen wagten. Die Bänke hatten wenig später mehr auszuhalten als kleine Kinderunpäßlichkeiten. Der Krieg kam uns ins Haus. Von der Stadt blieben einige unbedeutende Reste. Weil Gräber heutzutage nur für kurze Zeit vermietet werden, kann ich nicht einmal mehr auf dem Friedhof das Land meiner Kindheit wiederentdecken.

Auch mein Bruder ist nicht mehr dorthin zurückgekehrt. Er hat seinen Ursprungsort mit Afrika vertauscht. Die Eltern liegen nicht in jener Stadt am Rhein begraben. Wir leben in einer neuen Völkerwanderung. Es war gut, daß die allerersten Jahre meines Lebens in der Nestwärme der Heimatstadt und der Heimatsippe geborgen sein konnten. Allerdings standen wir zwei Brüder Weyers bald in dem Ruf, so eine Art von danebengegangenem Erziehungsprodukt zu sein. Die Erwachsenen haben viel zu wenig Einfühlungsvermögen in die Psyche eines Kindes. Warum begreifen sie nicht, daß man mit einem zufällig gefundenen Lippenstift unbedingt die Nase von Nachbars Hund einschmieren muß? Warum rechnen sie einem dauernd vor, daß man vierzehn Fensterscheiben in scherbenhafte Einzelteile zerlegt hat? Warum verlieren sie nie ein Wort darüber, mit welcher Tapferkeit man den elenden Spinat gegessen hat und mit welcher Selbstüberwindung man der dicken Tante Händchen gab, obwohl es einem vor Abscheu im Bauch rumorte? Warum verlangen sie von einem Kind im zarten Alter die Fähigkeit, drei mal sieben berechnen zu können? Ich bin übrigens an einem ersten April eingeschult worden und habe an diesem Aprilscherz des Schicksals mein ganzes Schuldasein zu leiden gehabt. Doch da sind wir schon ein Kapitelchen weiter in meinem west-östlichen Leben.

Barfuß über die Stoppeläcker

Unserer Verwandtschaft fiel es ein, schnell mal unser Familienhaus zu verkaufen. Es hat ihnen nicht viel gebracht. Zwei Jahre später war das Haus ein Trümmerhaufen. Mit den Banknoten konnte man die Wände tapezieren. Für Mama, Papa und die beiden Söhne sah die Sache allerdings schlimm aus. Wir standen im Freien. Die Bauleute mauerten brutal in unseren Zimmern herum, obwohl wir noch drin wohnten. Irgendwie hatte der liebe Gott den Kompaß unseres Lebens ostwärts eingestellt. Wir waren dabei, aus Großstadtbewohnern zu Dorfmenschen zu werden. Wir wurden von der geschlossenen katholischen Großgemeinde in die Diaspora gesteckt. Aber wir wußten es noch nicht. Mit sieben Koffern stiegen wir in den D-Zug Richtung Niederlausitz. Es hat lange gedauert, bis wir die Bilder wieder an eigene Wände hängen konnten. Darüber muß man nicht allzuviel erzählen. Es leben noch Leute genug, denen es ähnlich oder schlimmer gegangen ist. Als wir uns in Sallgast, einem Dorf am Rande der Braunkohle, wieder eingerichtet hatten, sah ich auf dem Vertiko an altgewohnter Stelle auch den Stahlhelm liegen. Mein Vater hatte dieses Ungetüm aus dem ersten Weltkrieg mit nach Hause gebracht und ihn auf allen Irrwegen bis zum Neuanfang mitgeschleppt. Was mag in einem Menschen vorgehen, wenn er an diesem Kriegsgerät so hängt? Kurz vor dem Russeneinmarsch ist der Stahlhelm in einer dörflichen Jauchegrube verschwunden. Was den Umzug noch überstanden hatte, war unsere Krippe. Die wurde in der Weihnachtszeit der Anziehungspunkt der Dorfkinder. Das war aber erst viel später, als wir so langsam im Dorf unseren Stellenwert bekommen hatten. Da konnte ich schon barfuß über Stoppeläkker laufen.

Auf dem Scheitelpunkt meines Charakterkopfes findet der Frisör heute noch eine beachtliche Narbe. Sie erinnert an unseren Einzug in jenes verträumte Dorf. Es war für Katholiken schwer, in ein evangelisches Dorf hineinzukommen. Sicher war es für Protestanten genauso schwer, in ein katholisches

Dorf zu ziehen. Meine jetzigen Freunde stellten damals die kampfstarke Phalanx der Dorfjugend. Es ging wirklich blutig her. Der Schlachtruf lautete: „Ihr katholischen Schweine!" Nun war die Sachlage so, daß wir als Großstadtkinder nur ganz unklare Vorstellungen davon hatten, was denn ein Schwein sei. Unsere Gegner, die evangelischen Minischlägertypen, hatten eine ebenso unklare Vorstellung davon, was ein Katholik sei. Nachdem im Laufe der Zeit der Erkenntnisprozeß auf beiden Seiten fortgeschritten war, legten sich auch die Schwierigkeiten.

Zu Kampfhandlungen kam es zwar noch, aber dann gemeinsam katholisch-evangelisch gegen andere. Die große interkonfessionelle Versöhnung fand zu unserer Erstkommunion statt, das war drei Jahre nach dem Einzug ins Dorf. Da kamen zwei von den Dorfjungen und schleppten einen Sack in die gute Stube. Darin befand sich ein lebendiges Konfessionsverbrüderungskarnickel. Es überlebte die Erstkommunionfeierlichkeiten nicht. Das Karnickel kam von Kassen-Paulisch. Die Paulischs waren im Dorf genau eingeteilt. Es gab noch einen Treckerpaulisch, einen Grabenpaulisch und einen Wanzenpaulisch. Solche Beinamen bedürfen keiner Erklärung. Schwieriger war schon das Erlernen der Dorfsprache. Zu Anfang hätten beide Seiten einen Dolmetscher gebraucht. Was soll man sich denken, wenn die Nachbarin freudestrahlend mitteilt: „Unse Ihne at´n Hei eleet!" Erst geübte Sprachwissenschaftler kommen dahinter, daß die Henne der Frau

Nachbarin ein Ei gelegt haben muß. Damals sagte mir noch niemand, daß ich später aus Seelsorgegründen noch andere Sprachen, wie Sudetendeutsch, Oberschlesisch und sogar Sächsisch, würde lernen müssen.

Das Dorf hatte seine gut laufenden Regelkreise. Es gab einen Polizisten. Der war kein Nazi. Er hatte das ganz Normale an Prügeleien, Beleidigungen und Ackerwagen-ohne-Licht-Fahren zu bewältigen. Alles andere regelte sich von alleine. Leider verschwand er beim Russeneinmarsch auf Nimmerwiedersehen. Die Russenzeit wäre ein eigenes Kapitel, aber soweit sind wir noch nicht. Vorher machte meine Mama sich freiwillig auf die Beine und ging von Haus zu Haus, die Katholiken auszugraben. Außerdem trieb sie ihren geliebten Göttergatten und uns zwei Kinderchen jeden Sonntag nach Klettwitz in die Kirche. Das waren insgesamt schlichte zwölf Kilometer, aber nüchtern - bittschön. Denn der Vatikan wußte ja nicht, wie weit ein Katholik in der Diaspora laufen muß, um das sonntägliche Gloria zu singen. Der Hunger war auf diesen Märschen nicht das Schlimmste, sondern der Durst. In der kleinen Kirche neben der dreckschnaufenden Brikettpresse gab es zwar Weihwasser, aber nach der Kirche war keiner da, der uns in Rührung um den Hals gefallen wäre und zum Kaffee eingeladen hätte. Auf alle Fälle war der Sonntag mit dem Marsch zur Kirche fast völlig ausgefüllt. An normalen Sonntagen gingen wir in die sechs Kilometer entfernte Klettwitzer Kirche. Hin und zurück macht zwölf Kilometer. Zu besonderen Anlässen führte der Weg in die Pfarrkirche nach Finsterwalde. Das waren dreizehn Kilometer, solange noch im Krieg wenigstens ein Zug fuhr. Als die Bahn nicht mehr dampfte, kamen sechundzwanzig Kilometer Kirchweg zu Fuß zusammen, wahrlich schon ein Gewaltmarsch für kleine Füße.

Sallgast bestand aus einer handvoll festungsartig verschlossener Bauernhöfe, einem SA-Mann und einem evangelischen Pfarrer. Es wurde dennoch ein Stück meines Lebens, und ich kann heute nicht ohne Rührung seine altersschwach gewordenen Häuser sehen. Vielleicht bleibt es vom Schicksal der Braunkohledörfer verschont und wird nicht zum Nutzen der Nation verheizt. Wie überlebt eine katholische Familie dreizehn Kilometer von der Pfarrkirche entfernt, wenn sie nicht einmal ein Fahrrad besitzt? Spät fiel mir auf, daß meine Eltern außer dem tapfer erwanderten sonntäglichen Gottesdienst buchstäblich nichts an religiöser Weiterbildung hatten. Offensichtlich hat das ausgereicht, um den Glauben an uns Kinder weiterzugeben und in der total evangelischen Landschaft das Katholischsein zu bewahren. Als Kind merkt man nicht, daß hier Außergewöhnliches geschieht.

Der Knabe Weyers freute sich auf jede Beerdigung. Da zog nämlich die Blaskapelle durch das Dorf zum Friedhof. Der Wagen wurde von zwei trauermäßig in schwarzen Stoff verpackten Pferden gezogen. Der Leichenwagen war ein Tempel auf Rädern, wie er heutzutage nur noch in wenigen Museen zu finden ist. Nach der Beerdigung hatte die Blasmusik ihre große Stunde. Wenn auf dem Hinweg zum Grabe die tragische Weise vom Scheiden in allen Variationen geblasen wurde, hatte der Rückweg zur Kneipe eine andere Klangfarbe. Da ertönten beliebte Märsche wie: „Das Lieben bringt groß Freud" oder „Lützows wilde, verwegene Jagd". Letzteres war besonders schön,wenn der uralte Bauer, den man eben ins Grab gelegt hatte, in seiner Jugend recht temperamentvolle Spiele getrieben hatte. Nach dem Besuch der Kneipe kam allerdings keine Blasmusik mehr zustande.

Leider wurde man von den Eltern im Sommer zum Blaubeerpflücken in die unendlichen Wälder mitgenommen. Seltsamerweise wurde mir dann im Wald immer schlecht. So mußte ich am Waldesrain sitzen und warten, bis die anderen die Eimer vollgepflückt hatten. Wenn doch die Mütter ihren Kindern nicht so bedingungslos auf den Leim gingen! Das Schicksal strafte mich für meine lügenhaften Schwächezustände. Ich aß eine dicke, wunderschöne Blaubeere und merkte erst zu spät, daß sie lebte. Es war ein Mistkäfer.

Der einzige Pilz, den mein Vater zweifelsfrei von Giftpilzen unterscheiden konnte, war der Pfifferling.

Also darf dieses Wort in meiner Nähe nicht mehr erwähnt werden. Die Schwäche, Giftpilze nicht von guten unterscheiden zu können, habe ich von meinem Vater geerbt. Das bringt ziemlich oft Komplikationen in mein beschauliches Leben. Aber mir ist es lieber, jemanden für genießbar zu halten, der ein Giftpilz ist, als jemanden für einen Giftpilz zu halten, der genießbar ist. Von der Schönheit der Pilze darf man sich da nicht täuschen lassen. Fliegenpilze sind sehr schön. Zum Essen würde ich sie nicht empfehlen.

Im berühmten Jahr 1945 rückten uns die Russen sehr schnell auf den Pelz. Trotz Stalingrad waren wir überhaupt nicht darauf vorbereitet. Auch eine katholische Familie Weyers glaubte an Wunderwaffen oder Wunder in diesem schrecklichen Krieg. Wir hatten nicht einmal Eingewecktes auf Vorrat im Keller. Das führte sehr bald zu enormen Gewichtsverlusten mit lebensbedrohlichen Folgen. Eines Tages stand ein deutscher Soldat an dem Schilderwald, der zur deutschen Kriegsführung gehörte. Er begann penibel und akkurat, die Schilder zu übermalen. Ich sah ihm interessiert zu. Unter seinen geschickten Händen verwandelte sich das Wort „Reservelazarett" in das neue Wort „Frontlazarett". Für Kenner der militärischen Fachsprache hieß das: der Russe ist weniger als 50 Kilometer von hier entfernt. Mit anderen Worten: es hatte überhaupt keinen Sinn mehr, die Schilder neu zu beschriften, wenn der Russe mit seinen schnellen Panzern in einer Stunde vor diesem Schild stehen konnte. Aber Preußen geht geordnet in den Untergang.

Ordnung muß sein. Bald waren Stalins Truppen da, wohlgenährt und fröhlich.

Das Chaos brach aus. Man kann in anderen Büchern darüber lesen. Wir wußten, daß wir Deutschland verloren hatten. Erst später wurde uns bewußt, daß auch der braune Diktator gegangen war. Es war für mich ein totaler Zusammenbruch. Die Rangabzeichen meiner Hitlerjugenduniform habe ich noch lange heimlich mit mir herumgetragen. Man soll mir das nicht übelnehmen. Wer 1933 geboren wurde, kannte nichts anderes, auch wenn gute, kluge und fromme Eltern versucht hatten, ihn vor diesem Gift zu bewahren.

Sehr viel später entdeckte ich, daß man mich ausersehen hatte, dem Führer auf besondere Weise zu folgen. Noch im Herbst 1944 holte mich die Hitlerjugend zu einem Sonderausleselehrgang. Man wollte junge, begabte Nachwuchskräfte für die Nazischulen haben. Meine zukünftige Schule hieß Napola und stand in Neuzelle, einem ehemaligen Zisterzienserkloster. Ich kam nicht auf die Nationalpolitische Führungsanstalt. Meine Laufbahn als Obernazi konnte gar nicht erst beginnen. Drei Dinge standen dem im Wege: ich wußte bei der Prüfung den Geburtstag des heißgeliebten Führers nicht. Alle Diktatoren sind immer von allen Menschen heißgeliebt. Ich hatte noch nie im Leben einen Apfel geklaut. Das war eines deutschen Jungvolkjungen nicht würdig. Und ich hatte beim Boxkampf nach einer Runde heulend den Ring verlassen. Ein Jungvolkjunge heult nicht. Daß Neuzelle später der Wallfahrtsort unserer Nachkriegsjugendjahre sein würde, hatte das Schicksal noch nicht enthüllt. Es war auch noch nicht zu ahnen, daß dort eines der beiden Priesterseminare Ostdeutschlands entstehen würde. Kein Mensch konnte daran denken, daß ich im Jahre 1991 im ehemaligen Zisterzienserkloster und späteren Naziführungsinstitut Vorlesungen halten würde. Da war dieses alte Gebäude nämlich Weiterbildungszentrum des neuen Bundeslandes Brandenburg. Die im Sozialismus ausgebildeten Lehrer mußten nun etwas von Kirche, Religion und Glauben erfahren.

Das alles konnte der ehemalige Großstadtbewohner und Niederlausitzer Dorfjunge nicht ahnen. Um ein Haar wäre auch nichts davon Wirklichkeit geworden. Wir hatten in der Nähe des Dorfes einen alten Grubensee. Diese Baggerlöcher sind gefährlich. Sie besitzen keine flachen Strände, sondern unter Wasser fällt das Niveau plötzlich in steilen Baggerstufen ab. Wer das nicht weiß, verliert unvermutet den Boden unter den Füßen. Ein Mann, der nur einen Arm besaß, zog uns schreiende, schlukkende, verzweifelte Kerlchen aus dem todbringenden Wasser. Wie er das geschafft hat, ist mir heute noch ein Rätsel. Die Lebensuhr war noch lange nicht abgelaufen. Zur Zeit tickt sie wacker auf das Alter zu, in dem die Zahnärzte viel Geld an einem verdienen, die Frisöre aber gar keins mehr.

Mit der Maurerkelle in der Hand

Der Maurer, dem ich als Lehrling zugeteilt wurde, bekam wahre Schreikrämpfe wegen meiner Existenz. Unsere Familie hatte es nie mit Handwerkern zu tun gehabt. Zwar gibt es unter unseren Vorfahren einen Wanderzirkusbesitzer, einen Caritasdirektor und einen Fährmann, aber Schneider, Maurer, Zimmerleute und Schornsteinfeger sind bei uns nicht Mode. Ich wollte auch gar nicht Maurer werden, sondern Architekt. Das heißt: ich wollte gar nicht Architekt werden, sondern Franziskanerbruder. Doch diese frommen Menschen in den braunen Kutten hielten mich nicht geeignet für das Klosterleben. Sie schickten mir gleich postwendend das Bewerbungsschreiben zurück, ohne meine charaktervolle Nase auch nur von nahem gesehen zu haben. Jetzt wissen sie, was ihrem Orden an mir verlorengegangen ist. Ganz ureigentlich ging es im Jahre 1949 um noch andere Dinge. Fahrplanmäßig wäre die Oberschule bis zum Abitur drangewesen. Inzwischen hatte sich der menschheitsbeglückende Sozialismus aber schon so weit vorgearbeitet, daß ziemlich schnell unsere ganze Oberschulklasse als spätbürgerlich-reaktionäres Element von der Schule flog. Und das, obwohl ich mit großen Idealen in die FDJ eingetreten war und somit zur Gründergeneration dieser Elitetruppe unter Erich Honecker gehörte. Recht bald waren aber die Fronten klar. Mein Mitgliedsbuch wanderte in den Ofen. Damit waren aber auch alle Aufstiegs- und Bildungschancen im Staate der Arbeiter und Bauern dahin. Also versuchte ich es über den Umweg der Maurerei, in einen Beruf zu kommen, der mir Spaß machen würde.

Schon kurz nach Beginn der Lehre stellte sich heraus, daß auch im Volkseigenen Baubetrieb meine Existenz als störend empfunden wurde. Der Politchef war ein ehemaliger Berufsfeldwebel der alten Deutschen Wehrmacht. Er hatte gründlich umgelernt und machte mir bis zur Gesellenprüfung das Leben schwer. Dafür machte ich es mit meiner völligen handwerklichen Unbelecktheit den Kollegen schwer. Einer schickte mich zum Kalkmischen auf den Bauhof. Man mische einmal Kalk, wenn man keine Ahnung hat, was Sand ist und Kies und Lehm und Kalk. Das ist so, als wenn jemand eine Schwarzwälder Kirschtorte backen soll, der nicht weiß, was Mehl, Milch, Wasser, Backpulver und Sahne ist, und dem außerdem noch nie ein Backofen vor die Nase gekommen ist. Zu den Wundern, die bei meiner Heiligsprechung offengelegt werden, gehört die Tatsache, daß die von mir gemauerten Gebäude bis heute noch nicht eingefallen sind. Allerdings hat man bis jetzt noch nicht daran gedacht, diese Bauten unter Denkmalsschutz zu stellen oder eine Gedenktafel an ihnen anzubringen.

Meine Kollegen hatten sehr bald heraus, daß ich in die Kirche ging. Da waren dann die Frühstückspausen und die Mittagszeit oft ausgefüllt mit harten Diskussionen über Kirche, Glaube und besonders über die Priester. Alle Enttäuschung wurde bei mir abgeladen. Es war beileibe nicht alles erfunden, was man da zu hören bekam. Nachdem ich bis dahin eigentlich nur die hellen Seiten der Kirche wahrgenommen hatte, mußte ich jetzt lernen, die Schatten zu ertragen. Es ging ja nicht um theoretische Auseinandersetzungen über Glaubensinhalte. Es ging um das Leben derer, die mit ihrem Leben die Kirche unglaubwürdig gemacht hatten. Sicher war manches Urteil übertrieben hart, und sicher hatte es im Leben dieser Menschen unglückliche Mißverständnisse gegeben. Doch es blieb der bittere Rest, der von mir nicht zu leugnen und nicht wegzudiskutieren war. Da saß man nun mit seinem riesigen Maurerhut, kaute an der damals noch sehr dünnen und mit einer Andeutung von Wurst belegten Stulle und bekam das konzentrierte Feuer der versammelten Mannschaft ab. Dann kam der Polier und sagte jedesmal dasselbe: „Na, Leute, da woll´ wer mal wieder!" Also wollten wir mal wieder, kletterten die Bauleiter hoch und nahmen die Kelle in die Hand. Wenn Weyers dann nicht schnell genug war, kam auch schon einmal der Zuruf: „Du Reservejesus, beeil dich mal ein bißchen!" Das konnte man eher schlucken, weil es rauh klang, aber nicht boshaft gemeint war. Boshaft waren nur die Politniks auf der Chefetage. Die Maurer habe ich mindestens mit einer symbolischen Vertretung zur Priesterweihe eingeladen, aber die Chefs nicht.

In einem Februar-Monat begannen wir, auf dem Bahnhof eine Lagerhalle für Baumaterial zu errichten. Irgendjemand hatte im Vorbeigehen gesagt, wir sollten vorsichtig sein. Hier lägen Granaten. Es seien an dieser Stelle bei einer Explosion drei Russen ums Leben gekommen. Wer hört schon genau hin, wenn nebenbei von Gefahren geredet wird. Also nahm ich meine Spitzhacke, holte kräftig aus und hieb sie in den harten Boden.

Es klickte so merkwürdig metallisch. Die 8,8cm-Granate der Deutschen Wehrmacht explodierte nicht. Da war mir der Himmel im Bruchteil einer Sekunde sehr nahe gewesen. Es hätte nicht einmal gereicht, um ein Amen zu sprechen. Seitdem bin ich sehr vorsichtig mit der Lebensanschauung, man könne ja so irgendwann am hinteren Ende des Lebens die Sache mit Gott und der Ewigkeit in Augenschein nehmen. Die Rechnung geht nicht auf. Gott schickt nicht zwei Jahre vor dem im Himmel geplanten Schluß meines Lebens einen Einschreibebrief: „Sie haben noch 24 Monate Zeit!" Der Tod kommt todsicher. Er ist aber nicht in meinem Terminkalender ausgedruckt. Der Schuppen steht heute noch. Man kann ihn vom Abteilfenster aus besichtigen, wenn man von Cottbus nach Leipzig fährt. Man sieht in Finsterwalde links in Fahrtrichtung den Fleck Erde, der das letzte Stück Welt für mich hätte sein können. Die anderen Gefährdungen meiner leiblichen Existenz waren nicht ganz so bedeutend. Einmal fiel ein Rüstbrett von der Hallendecke herab auf meinen Kopf. Fachleute sagen, ich könne seitdem schärfer denken als vorher. Einmal wollte mir der Polier die Schippe ins Kreuz schlagen, weil ich ihm die falsche Sorte Zigarren gekauft hatte. Dieser Polier war ungefährlich. Er brüllte wie zwölf Ochsen und half einem dann, wo er konnte. Der andere brüllte nie. Das war viel gefährlicher.

Zur Maurerkellenzeit gehörte die Pfarrjugendzeit. Jetzt sind die Damen und Herren aus der damaligen Jugend schon mehrfache Omas und Opas. Wir treffen uns noch ziemlich regelmäßig und reden dann lang und breit über unsere derzeitigen Krankheiten. Damals wollten wir die Welt für

Christus erobern. Heutzutage ist man froh, wenn man im Sonntagsgottesdienst die kleine Schrift aus dem Gotteslob noch lesen kann. Unser damaliger Kaplan schaffte reihenweise geistliche Berufe in die Klöster und Priesterseminare. Sie wurden ebenso reihenweise wieder zurückgereicht. Geblieben ist eine handfeste Ordensfrau irgendwo in der Nähe der Mosel, ein inzwischen gesundheitlich schwer angeschlagener Pater in Afrika und ein Priester, der versucht, Bücher zu schreiben. Ob das viel oder wenig ist, brauchen wir nicht zu entscheiden.

Ich hatte etwas Schwierigkeiten mit dem Kirchenbild, das uns dieser Kaplan vermittelte. Es war die Fortsetzung der Vorkriegstheologie von Christus, dem König. Das dazugehörige Kirchenbild stellte die Kirche ins ganz helle Licht der Makellosigkeit. Sie wußte immer auf jede Frage der Menschheit eine passende Antwort. Die Kirche war heilig, rein, makellos, gütig und zutiefst vom Gebet geformt. Sie war im Besitz der Wahrheit und Hüterin der Wahrheit. Der seeleneifrige Priester hatte uns ein Kirchenbild aufgebaut, das faszinierend und berauschend war. Ich freilich wäre fast an diesem Kirchenbild gescheitert, weil es mich überforderte. Paßt ein Normalmensch und Normalsünder in diesen Kristallpalast der Lauterkeit? Wir sollten nach den Texten unserer Jugendlieder Gottes junge Fackeln sein. Daß eine Fackel auch einmal tüchtig qualmen kann, war offensichtlich nicht vorgesehen. Und daß ein Jüngling im hoffnungsfrohen

Frühlingsalter eine Sechzehnjährige lieber ins Visier nimmt als einen Laternenpfahl, schien dem Kaplan unverständlich zu sein. Es hat gedauert, bis ich erkannte, daß die leidende Kirche gar nicht glorreich aussehen muß. Sie ist ganz alltäglich und wirkt so normal, wie normales Leiden aussieht. Wunden sind nicht schön. Wir sind keine Kirche zum Vorzeigen und zum Angeben. Hätte ich das in den Baubudengesprächen meinen Arbeitskolleginnen und Kollegen sagen können, wäre ich glaubwürdiger gewesen. So aber hatte man immer die mühsame Aufgabe, die Beulen der Kirchenkarosserie zu überspachteln und die Rostflecken zu überpinseln. Beides half nicht.

Es gab noch eine Schwierigkeit. Die Priester von damals machten keinen Versuch, uns da zu beheimaten, wo wir nun einmal gelandet waren. Die Sudetendeutschen, Schlesier, Rheinländer und Ostpreußen hätten zu einer neuen Art von märkischen Diasporakatholiken zusammenwachsen sollen. Unser Kaplan verkündete noch im Jahre 1949: Jungs aus dem Sudetengau, heiratet keine Schlesierin. Wenn es dann nach Hause geht, wißt ihr nicht, ob ihr nach Schlesien oder ins Sudetenland ziehen sollt. Nun gut, auch wenn der Hochwürden an dieser Stelle irrte, so hat er uns doch mit Zähigkeit, Fröhlichkeit und starken Nerven einen Glauben gelehrt, der nicht angeklebt war. Der Priester ist heute ein alter Mann. Seine Fröhlichkeit und sein Erzählertalent sind nicht verlorengegangen. Nun ist der Kaplan von damals schon lange kein Schlesier mehr, sondern ein Niederlausitzer.

Die Kirche von damals lebte noch eine ganze Weile nicht da, wo sie arbeitete. Meine Mutter half mir, die Entscheidung für dieses Land zu treffen. Sie sagte: Ich bin nicht mehr Rheinländerin. Ich lebe hier. Ich gehe hier zur Kirche. Ich bin jetzt Niederlausitzerin. Wenn eine ebenso klare Weisung von dem damaligen Priester gekommen wäre, hätten wir vielleicht früher versucht, hier Wurzeln zu fassen.

Als der Chef des Baubetriebes mich am ersten Tag meiner Lehre auf dem Bauhof herumstehen sah, schrie er entsetzt: Was sollen wir mit diesem Hänfling anfangen! Zweieinhalb Jahre später hatte sich der Typ von damals verändert. Aus dem bleistiftartigen Gebilde meines Körpers war so etwas wie eine Maurerfigur geworden. Aus der zarten Oberschülerpsyche war etwas gewachsen, das Belastungen tragen und durchstehen konnte. Normalerweise pflegt an dieser Stelle in den Autobiographien zu stehen: es war eine schwere und schöne Zeit. In meiner Rückerinnerung sieht das nicht so blankpoliert aus. Ich erinnere mich an Tage, an denen einem das Heulen verdächtig nahe an den Augenwimpern saß. Es war sehr schwer, sich in die ganz andere Welt der Arbeiter hineinzuleben. Wenn einem beim Deckeputzen dauernd der ganze Kalk wieder von oben auf den Hut fällt, trägt das nicht zur Erheiterung der Seele bei. Aber wir haben es geschafft. Im Frühjahr 1952 hatte ich den Gesellenbrief in der Hand. Auf ihm standen weise Sprüche eines gewissen Stalin. Mein letztes Schulzeugnis aus dem Rheinland war noch mit den weisen Sprüchen eines gewissen Hitler verziert. Ich aber war dabei, einen anderen Lebensweg zu gehen, der diese Namen nicht nötig hatte.

Wandern mit dem Familienvorsteher Peter

Eine Leidenschaft meines Vaters war es, auf Wanderschaft zu gehen. Wenn er durch die Wälder, durch die Felder und über die Auen schritt, kamen aus seinem Munde sämtliche Wanderlieder deutscher Zunge, dazu noch etliche Soldatenlieder und manchmal auch ein Liebesliedchen. Uns Kindern gefiel diese Art des singenden Wandervaters. Später wurde mir die Sache allerdings peinlich, da der Tenor des Vaters doch zu theatralisch durch die schlichte märkische Landschaft klang. Wie mögen sich die Rehe erschreckt haben! Unsereins jedenfalls verzog sich hinter dicke Sträucher, wenn uns auf den schmalen Waldwegen andere Wanderer entgegenkamen. Sollten diese Leute doch bitte nicht glauben, daß ich vielleicht gar noch zum singenden Mann mit Knotenstock, Hütchen und weitem grünen Umhang gehörte. Vater wußte natürlich nicht, daß er mit seiner Lebensart das Wort des heiligen Augustinus verwirklichte: „Wandre und singe!" Das Wandern hatte der Vater von seinem Vater geerbt, und der sicher wiederum von der Generation davor. Es gibt in unseren Familienpapieren den Bericht von einem Mann, der als Kirchenmaler mit einem Butterbrot und drei Mark vom Rhein bis nach Jerusalem gepilgert ist. Mir hat die Sache als Kind viel Kopfschmerzen gemacht. Mußte nicht das Butterbrot auf dieser Reise total vertrocknet sein? Man soll nie zu wörtlich nehmen, was die Erwachsenen erzählen.

Unsere Familienwanderungen im strengeren Sinn des Wortes führten nicht nach Jerusalem. Sie gingen in die umliegenden Gegenden. Im Rheinland waren das die Weiß- und Rotkohlfelder. Bei uns hieß dieses Gemüse „Kappes". Es war mir ein Vergnügen, diesen Kappes später im Russischunterricht als Kapußta wiederzuentdecken. Die Kappesköppe wurden auf einachsigen Pferdewagen abtransportiert. Die mächtigen Gäule gingen als Einspänner in einer Gabeldeichsel. Was vom Wagen herunterfiel, gehörte der Menschheit im Ganzen. Wer da pfiffig war, hatte den ganzen Winter über Kappes. Dann wechselte unsere Landschaft. In der

Mark gab es die herrlichen Blaubeerwälder, wobei die Blaubeeren natürlich nicht die Wälder bildeten. Das besorgten die Kiefern. Die Felder bestanden aus der Materie, die ich später als Maurer in Form von Sand verarbeitete. Pferde gab es kaum. Viele Bauern in Sallgast waren so arm, daß die Milchkühe die schwerfälligen Ackerwagen ziehen mußten.

Wir hatten inzwischen zur Aufbesserung unserer Lebensmittelkarten ein paar Karnickel. Aber wir besaßen weder Garten noch Wiese. Nun wurde aus dem fröhlichen, zweckfreien Wandern zur Erholung der deutschen Volksseele etwas anderes. Man mußte unterwegs unauffällig Karnickelfutter einsammeln. Das durfte nie zu viel an einer Stelle sein, sonst hätte die Bauernwiese eine Glatze gehabt. Das wäre von den Bauern bemerkt worden. Da man ja wußte, wer Karnickel, aber keine Wiese hatte, wären die Schlußfolgerungen einfach gewesen. Es versteht sich von selbst, daß in der Gegend unserer heimlichen Karnickelfutterernte nicht gesungen werden durfte. Wer gibt denn auch schon selbst akustische Signale von heimlichem Tun. Mich hat übrigens nie ein Beichtvater gefragt, ob ich Karnickelfutter geklaut hätte. Außerdem stand dieses Delikt nicht im Beichtspiegel. Damit war die Sache erledigt. Unser Beichtspiegel war insofern interessant, als wir nur einen Katechismus hatten. So bearbeitete zuerst der eine Sünder den Beichtspiegel, dann der andere. Da man sich ja als Kind schlecht alle tausend Sünden seiner Jugend merken kann, machten wir Zeichen hinter die Fragen. Selbstverständlich waren das so ausgeklügelte Geheimzeichen, daß der andere sie nicht entziffern konnte. Natürlich hatte ich bald heraus, welche Zeichen von der Hand meines Bruders „Sünde" und welche „Unschuld" bedeuteten. So war man immer bestens informiert, was der Bruder beichtete. Man konnte seine Sünden dann auch ein wenig danach aussuchen, damit der gute alte Pfarrer nicht dachte, wir hätten beim Sündigen voneinander abgeguckt. Die schwierige Arbeit des Beichtzettelerstellens hinderte uns aber nicht daran, weiter mit Vatern zu wandern und zu singen. Mutter konnte nur wandern. Sie sang alle Lieder um dreiviertel Töne daneben.

Eine zweite Art, das Wandern und Singen nahrhaft zu machen, war das Sammeln von Pilzen beim Wandern. Ich fand das eine glatte Heuchelei. Entweder man hat vor, sich zu erholen, dann wandert man. Oder man ist gehalten, Nahrung zu erbeuten, dann sucht man Pfifferlinge oder Birkenpilze oder Steinpilze. Wandern, Singen und Pilzesuchen zu vermischen, ist unfair, ja direkt pervers. Ich spiele ja auch nicht Klavier und knete mit der linken Hand zwischen zwei Synkopen und einer Fermate den Pfefferkuchenteig.

Ich male ja auch kein Gemälde und streiche mit dem Pinsel zwischen den Zähnen die Zimmerdekke. Die Erwachsenen haben keine Einsicht. Man kann nicht mit ihnen über das Allervernünftigste reden. Da wir meist einen Blaubeer- und Pilzesammelschein vom Förster besaßen, konnte Vater bei diesen Aktionen ruhig singen. Der Förster konnte uns hören, wir hatten mindestens an dieser Stelle ein reines Gewissen. Die Leute, die keinen Sammelschein hatten, flohen aus unserer singenden Nähe, weil sie ja vom Förster erwischt worden wären. So hatten wir freies Feld und kamen zu manchem Pfifferling. Meist sang Vater das ausdruckstarke Lied: Argonnerwald um Mitternacht, ein Pionier steht auf der Wacht. Die Auswahl war nicht einleuchtend. Erstens war Peter Weyers kein Pionier, sondern ein Artillerist gewesen. Und zweitens kamen die Jungpioniere viel später in die Geschichtsbücher und noch später wieder heraus. Zu meiner Beruhigung hat Papi nie Nazilieder gesungen, obwohl die von den Nazimusikpsychologen nach Text und Melodie oft als wahre Ohrwürmer angelegt waren. Choräle hat er allerdings auch nicht in die blaue Luft des weiten märkischen Horizonts geschmettert. Das war nicht so unsere katholische Art. Peter hob sich die Choräle für die Kirche auf. Da sang er sie mit Hingabe und manchmal auch mit vor Rührung feuchten Augen.

Wir sind aber noch beim Wandern. Unsere Mutter lag mit einer schweren Operation in einem sechs Kilometer entfernten Bergarbeiterkrankenhaus. Keiner wußte, ob es eine Genesung geben würde. Da wanderten wir mit dem Vater hin und dann wieder zurück. Auf diesen unfreiwilligen Wanderwegen machte Papi nie eine verzweifelte Miene. Er ging seinen Schritt und sang dabei. Es muß ihm nicht leicht gewesen sein, mit zwei Kindern ins Krankenhaus zu gehen. Er hatte keinen Grund zu Optimismus. Dennoch gab es keine Weltuntergangsstimmung. Ich kann mich sogar heute noch genau an die Frühlingslieder erinnern, die wir auf dem Wanderweg entlang der alten Braunkohlenkippe sangen. Solch ein Weg war ein Unterricht in Schicksalsbewältigung. Vater konnte es nicht leiden, wenn wir auf dem Weg stolperten. Er meinte, das läge nur daran, weil wir unsere Quanten nicht anständig hochgehoben hätten. Peter liebte die festen, sicheren Schritte und die schlichten, einfachen Wege. Schleichen und Tricksen lagen ihm nicht.

Dreieinhalb Minuten vor zwölf, knapp vor dem allerletzten Ende des Krieges, wollte man unseren Familienchef noch schnell zum Gleichschritt kommandieren. Die ganze Sache hatte den unsinnigen Namen Volkssturm. Von Sturm war bei diesen Männern und Kindern keine Rede. Vater zog also in einer Fliegeruniform gegen den Feind, wobei keiner wußte, wo der Feind war: vorne oder hinten, rechts oder links, oben oder unten oder eigentlich schon überall. Als Waffen hatte irgendein Verrückter den Männern italienische Karabiner gegeben und eine Handvoll Patronen dazu. Das Gewehr war um Einiges länger als mein Vater. Das sah seltsam aus und hätte zum Lachen gereizt, wenn es nicht um Leben und Tod gegangen wäre. Vorher war noch ein junger Militärkaplan bei uns zu Gast. Ob er überlebt hat, weiß ich nicht. Der Priester wußte auch, daß das Ende da war. Unsere Volkssturmtruppe marschierte also im Gleichschritt in die Stellung. Sie kam ohne Gleichschritt und heimlich im Dunkeln über die Gartenzäune zurück, keinen Augenblick zu früh. Die Rote Armee war kurz hinterher auch im Dorf. Seitdem habe ich nichts gegen Wanderschritte, aber eine Menge gegen Gleichschritt.

In Finsterwalde, der Stadt der Niederlausitz, die uns dann zur Heimat wurde, ist ab und zu heute noch die Rede von meinen Eltern. Sie pflegten Arm in Arm ihre Rentnerrunde durch die Stadt zu gehen. Sonntags war das natürlich der Weg zur Kirche. Es war ein rührender Anblick, diese beiden kleinen Gestalten im absoluten Gleichmaß der Schritte gehen zu sehen, als ob sie eins seien. Heute sehe ich selten einmal Mann und Frau Arm in Arm gehen. Vom Gehen im gleichen Maß der Schritte ist schon gar nicht die Rede. Ein mir sehr gut bekannter Mitarbeiter in gehobener kirchlicher Stellung lief immer drei Schritte vor seiner Frau her. Sie folgte ihm mit trippelnden Schritten wie ein verängstigtes Wesen. Mag sein, daß sich beide gut verstanden. Auf der Straße sah es nicht so aus. Meine Eltern hatten ihren gemeinsamen Schritt gefunden. Er war ihnen nicht im Schnellkurs oder per Billigtraining beigebracht worden. Diese Harmonie der Schritte ist der Lohn für lange Jahre tapferen Miteinandergehens auch durch dunkle Zeiten und über schlaglochbesäte Lebensstraßen. Der liebe Gott muß ihnen gute Schutzengel gegeben haben.

Es kommt die Zeit, in der ein Mensch seine Wanderschuhe auszieht, um den Weg zur Ewigkeit zu gehen. Vater ging zuerst. Da geht man den letzten Gang hinter dem Mann her, der mir das Laufen beigebracht hat. Er lehrte uns das Gehen, nicht das Marschieren. Er lehrte uns das Wandern, nicht das sinnlose Rasen. Dann ging auch Mutter diesen letzten Weg hier auf dieser Erde. Sie lehrte uns wohl nicht nur das Gehen, sondern auch das Tanzen. Wenn ich Priester geworden bin, dann hat sie mich das Schreiten gelehrt. Es ist anders als das Gehen und das Wandern. Das Schreiten gehört eigentlich schon ein wenig zur anderen Seite des Lebens. Darum muß ich versuchen, in meinem Dienst nicht zu rasen, nicht zu rennen, nicht zu hasten. Ich darf meine Schritte gebrauchen zum Wandern und zum Schreiten und ganz zuletzt bei Gott zum Tanzen.

Schulbänke verschiedenster Konstruktionen

Der erste Klassenraum meines Lebens roch wie alle Klassenzimmer nach Fußbodenöl. Die Bänke waren für zwei Kinder nebeneinander eingerichtet und hatten einen Balken in der Mitte zwischen den beiden. Der sollte die Bank zusammenhalten und die Kinder trennen. In die Schreibplatte hatten kluge Leute eine Rille für die Griffel hineinkonstruiert. Die Lehrerin hieß Nittner und war eine Anbeterin des Führers Adolf. Später gab es ähnliche Bänke, nur etwas größer. Außerdem war am oberen Ende der Schreibplatte ein Tintenfaß eingebaut. Der Schiebedeckel, der die Tinte vor Verunreinigung sicherte, hatte die Aufschrift DRGM. Das hieß unserer Meinung nach: Der Räuber geht mausen. Oder von hinten gelesen: Mit Großmutters Riesendolch. So kreativ können Kinder schon sein. Diese Bänke überstanden den Krieg nicht. Später gab es ein Sammelsurium von Tischen, Bänken, Stühlen, Hokkern, Brettern und Sesseln, was sich gerade so finden ließ. Dann entwöhnte ich mich der Schulmöbel, zog die Kinderschuhe des Schülers aus und wurde männlicher Maurer, nicht ahnend, daß mein Schülerdasein nach drei Jahren neu beginnen und dann noch einmal zehn Jahre dauern würde. Wer in der Kirche Gottes die höhere Papstlaufbahn einschlagen will, muß studiert haben. Mein letztes Zeugnis stammte aber aus der achten Klasse, welche ich mit mäßigem Erfolg absolviert und zur Erleichterung der Lehrer verlassen hatte.

Also stand mir die harte Arbeit bevor, als fast schon reifer Mann noch einmal auf die Schulbank zu müssen. Die ersten vier Jahre benötigte man, um das Abitur nachzuholen. Die Lehrer hatten keine Hemmungen, uns immer wieder auf schöne andere Berufe hinzuweisen, wenn unsere Lernleistungen nicht ihrer Vorstellung entsprachen. Der eine hat sich für uns schwerfällige ältere Leute fast kaputtgeschunden. Wenn er völlig aus der Fassung war, empfahl er uns: „Werden Sie doch Bierkutscher!" Meines Wissens ist kein Bierkutscher aus dem Norbertuswerk in Magdeburg hervorgegangen. Die Ordensschwester, die uns Biologie gab, sagte in regelmäßigen Abständen: „Herr Weyers, baumeln Sie doch nicht immer so mit den Beinen!" Was kann ich dafür, wenn der Fußboden des Klassenraums wegen der Höhe der Stuhlbeine nicht bis zu meinen Fußsohlen emporreicht. Das ist übrigens bis heute mit den meisten Fußböden so geblieben.

Der Mathematiklehrer war ein vom sozialistischen Staat wegen seiner evangelischen Frömmigkeit auf die Straße gesetzter Oberstudiendirektor. Wir haben ihn lange nicht verstanden. Sein preußisches Pflichtgefühl und seine etwas umständliche Art machten uns den Zugang zu ihm schwer. Ohne diesen Mann und seinen Einsatz kann ich mir den Anfang des Norbertuswerkes aber nicht vorstellen. Herr Dr. Kaspar also erschien zum Besuch des päpstlichen Nuntius im Gehrock, was uns damals mächtig amüsierte. Er hatte mit meinen schwachen mathematischen Fähigkeiten viel Geduld, obwohl er nicht einsehen konnte, warum ein Mensch normaler Bauart und einigermaßen begabt kein Verhältnis zu $(x^2+2ab)^3 - (y+a-x)^{-2}$ hatte. Er selbst soll noch eine Stunde vor seiner feierlichen Silberhochzeit sich an solchen Formeln ergötzt haben. Dieser Mann setzte mich im Abitur neben einen Schüler, der ein mathematisches Ass war. Ob er das bewußt oder unbewußt getan hat, soll der Himmel entscheiden. Ich war jedenfalls gerettet.

Die Studienordnung damals war streng und für Leute, die schon einen Beruf hatten, sehr ungewohnt. Ein Trappistenkloster muß dagegen eine

Jugenddisko gewesen sein. Einen Vorteil hatte die strenge Ordnung auf jeden Fall: wir haben enorm viel lernen können. Damals hatte man noch das Stehvermögen, mit einem aus Schrott zusammengebastelten Fahrrad von Magdeburg bis an die holländische Grenze zu fahren. Das waren die Jahre, in denen gerade erst die Stalinbereifung aus der Mode gekommen war: Gartenschlauch auf die Felge vom Vorderrad, wenn man für das Hinterrad noch einen richtigen Schlauch mit Luft und einigermaßen brauchbaren Mantel hatte. Dann kam das Abitur mit dem schönen Thema für den Deutschaufsatz: „Weisen Sie an einem selbstgesuchten Literaturbeispiel die Berechtigung des Dichterwortes nach: der Dichter ist gedrängt und gerufen, die heidnische Welt in die christliche Verklärung heimzuholen." Diesen Abituraufsatz schrieb ich in fünfstündiger Arbeit unter erschwerten Umständen. Auf der zum Sitzen benötigten Fläche meines Körpers hatte sich nämlich ein eindrucksvolles Furunkel gebildet. Insofern war mein Aufsatz von einer Schmerz- und Leiderfahrung geprägt, die die Prüfungskommission sehr beeindruckte.

Da war man auf einmal Student der Theologie, packte seine damals noch wenigen Sachen und siedelte nach Erfurt um. Die Schulmöbel des Norbertuswerkes hatten es an sich, daß sie in regelmäßigen Abständen zusammenbrachen, weil weder Leim noch Holz allzuviel Ähnlichkeit mit Leim und Holz besaßen. Die Möbel in Erfurt waren da schon eine Klasse besser. Es wurde gerade das Pius-Haus gebaut und eben auch neu möbeliert. So brach in Erfurt nur einmal mein Bett in sämtliche Konstruktionsteile auseinander. Wir hatten einen Altbau, den Konradhaus-Nebenbau rechts neben dem Haupteingang. In jeder Etage gab es einen ganz schmalen Raum, vielleicht die frühere Speisekammer. Da paßte nur ein Minimalbett hinein. Der Klapptisch mußte hochgeklappt werden. Dann setzte man sich auf das Bett, klappte den Klapptisch herunter und saß fest eingeklemmt zum Studium bereit. Die Sache wurde nur problematisch, wenn man an Verdauungsbeschwerden litt, die zu schnellen Reaktionen nötigten. Der Hörsaal für uns katholische Theologen war derselbe, in welchem wohl auch Martin Luther gesessen hat. Ich hoffe, daß dies in Rom nie bekannt geworden ist. Wir saßen also dicht gedrängt im großen Hörsaal und versuchten, die hohen Gedanken unserer Professoren mit Hilfe des Kugelschreibers aufs Papier zu bekommen. Keiner konnte ahnen, daß zwei Plätze neben mir der zukünftige Kardinal von Köln saß, zwei Reihen hinter mir der schon verstorbene Berliner Weihbischof Kleineidam, und daß in der Vorlesungspause neben mir der spätere Berliner Kardinal Sterzinski in seinen Pausenapfel biß.

Die Kapelle war eine richtige alte Kirche mit dem poetischen Namen Brunnenkirche. Leider haben phantasielose Leute bei einem notwendigen Umbau den Brunnen, der noch vorhanden war, zugemauert. Früh am Morgen pustete eine Warmluftgebläseheizung uns zwanzig Minuten während der

Betrachtung auf den Rücken. Dann war man naßgeschwitzt. Wegen des Lärms des Gebläses schaltete zur Messe die Maschine ab. Daraufhin froren wir die nächste halbe Stunde zum Gotterbarmen, und das bei Lateinischem Choral. Bei der Betrachtung schlief ein Theologe ein und fiel aus der Bank. Geistesgegenwärtig täuschte er eine Ohnmacht vor und ließ sich ins Seminar tragen. Da konnte er weiterschlafen.

Wir hatten auch ein Seminarhuhn, denn die Zeiten waren noch nicht allzuweit vom Küchenmeister Schmalhans entfernt. Das Huhn bewohnte ein handtuchgroßes Stück Weltgeschichte zwischen dem Gera-Umflutgraben und unserem Uraltbau.

Gerade neben dem Huhn aber befand sich unser Speisesaal. Das Tischgebet bestand aus einem Psalm, nach dem ein stilles Vaterunser folgte. Mitten in die heilige Stille dieses Gebetes hinein begann mit großer Regelmäßigkeit das sonst stumme Huhn zu gakkern. Der Erfolg war durchschlagend. Ein Saal voller Theologen begann zu kichern und schallend zu lachen. Weise Regenten wissen sich auch in solchen Situationen Rat. Unser Chef ordnete an, daß das Vaterunser von nun an laut zu beten sei.

In diesem Haus gab es, genau wie vorher in Magdeburg, kein Radio. Von Fernsehen war gerade erst die Rede. Also lebten wir ohne Radio, ohne Kasettenrecorder, ohne Video, ohne Plattenspieler, kurz ohne jene Elektronik, die heutzutage sieben achtel des Lebens ausmacht. Als ich mir dann wegen einer politisch wichtigen und hochbrisanten

Außenministerkonferenz heimlich ein Radio anschaffte, bekam ein Mittheologe einen Sicherheitsdienstspleen und verpetzte mich bei der Hausregierung. Das hätte beinahe die Rückfahrkarte zur Maurerei bedeutet. Der Mittheologe soll ein guter Seelsorger geworden sein. Wir sehen uns ab und zu einmal und lächeln uns mit einer verbissenen Fröhlichkeit zu. Wenn einer heutzutage im Seminar nicht vollelektronisiert ist, empfiehlt man ihm einen Psychiater. Viereinhalb Jahre lang drückten mich die Schulmöbel von Erfurt. Beim Schlußexamen gab es in Moral eine vier, weil ich nicht wußte, was die artverändernden Umstände einer Tat sind. Ich dachte immer, die müßte nur ein Staatsanwalt kennen. Nun ging es also in die letzte Ausbildungsphase. Unsere Truppe, die acht Jahre vorher in Magdeburg angefangen hatte, war sichtlich älter und sichtlich kleiner geworden.

Neuzelle liegt da, wo kein D-Zug hält. Die Schulmöbel bestanden aus Holz, das man heimlich von einem sowjetischen Armeeholzlagerplatz weggefunden hatte, aber diese Geschichte ist schon lange verjährt. Uns plagten damals andere Sorgen. Die Wanderbewegung westwärts nahm lawinenartig zu. Unsere Gemeinden verloren ihre besten Leute. Am 12. August 1961 fuhr ich nach Westberlin. Am 13. war die Grenze dicht. Es kam ein Mann des Weges und sagte: „Der Diakon muß da sein, wo sein Bischof ist." Da mich der Bischof kurz vorher zum Diakon geweiht hatte, packte ich meine Seife, mein Brevier und meinen elektrischen Rasierapparat ein, erweckte Reue und Vorsatz und schritt durch das Brandenburger Tor in die sozialistische Zukunft der nächsten dreißig Jahre.

Die Kampfgruppen waren schon etwas müde, und es wollte niemand in meine Taschen sehen. So trafen wir uns dann alle in Neuzelle wieder. Keiner hatte sich ausmauern lassen. Das ist ein gutes Gefühl. Der Normalbetrieb lief trotz Mauer weiter. Im Examen vor der Priesterweihe fragte mich der alte Regens: „Nennen sie mir bitte die artverändernden Umstände einer Tat." Ich erbleichte und tat kund, daß ich mit dieser Frage schon einmal Schiffbruch erlitten hätte. Der milde Regens wählte eine andere Examensfrage und ersparte mir damit das Vergnügen, noch ein Semester länger die Schulbank drükken zu müssen.

Vor der Priesterweihe fuhren wir zu zwei Diakonen auf ein Diasporadorf, um dort bei einem Festhochamt zu assistieren. Der Pfarrer holte gewaltig Luft, ließ eine erwartungsvolle Stille eintreten und begann seine Predigt mit den Worten: „Es ist ein neuer Frühling in der Kirche. Dort sitzen zwei junge Diakone!" Inzwischen ist der Pfarrer von damals schon ein Greis, und wir zwei Diakone von damals sind auch nicht mehr so ganz taufrisch. Auf den Schulbänken, die wir bevölkert haben, sitzen andere junge Leute und schwitzen über der Wissenschaft. Daß ich es die meisten Jahre meines Priesterlebens dann auch noch mit Schulbänken zu tun haben würde, hatte mir keiner geweissagt.

Die heißen Eisen unserer Familie

Irgendwo zwischen den Erinnerungen an die Petroleumlampe im Kinderzimmer und an die schiefe Hofmauer kommt mir das Bild eines heißen Eisens. Auf dem Gasherd stand ein schweres Metallgerät. Mama nahm den aufklappbaren Holzbügel, stülpte ihn über den heißen Griff, nahm das Eisen vom Gasherd und begann zu bügeln. Dieweil stand der Zwillingsbruder des Eisens auf dem Herd. Wenn das eine Bügeleisen kalt geworden war, wurde das andere in Betrieb gesetzt. Berge von Wäsche waren zu bewältigen. Das Bügelbrett hatte einen ehemals weißen Bezug, der mehr aus Brandflecken als aus

Stoff bestand. Es ist nicht leicht, heiße Eisen zu handhaben. Man kann sich die Finger verbrennen oder den Stoff verderben. Papa benutzte dasselbe Gerät, wenn er seine Hosen bügelte. Wir kannten zu Hause die Mehrzahlbildung „Hosen“ nicht. Eine Hose hieß bei uns nicht „Hosen„, sondern grammatikalisch genau „Hose“. Nachdem also die Ehefrau meines Vaters einmal in Papas schwarze Anzughose die Bügelfalten quer eingebügelt hatte, entschloß sich der Hausherr, die Sache selbst in die Hand zu nehmen. Meine Fähigkeiten, Bügelfalten herzustellen, bewegen sich bis heute mehr auf der Linie meiner Mutter. Wir müssen dann bald ein nächstes Modell von Bügeleisen besessen haben. Das war hohl. Es gehörten Gußeisenbolzen dazu. Jetzt kam nicht mehr das Eisen auf den Gasherd, sondern der Bolzen wurde heiß gemacht. Hinten am Bügeleisen war ein Türchen. Mit irgendeiner Zange mußte man den heißen Bolzen vom Gasherd nehmen und in das Bügeleisen schieben.

Die Bügeleisenaktion hatte etwas mit unserem Kirchgang zu tun. Man pflegte damals noch so festlich wie möglich gekleidet in die Sonntagsmesse zu gehen. Wenn es also nach Festtagshosenbügelfalte roch, war der Kirchgang nicht mehr weit. Der nasse Dampf und das Tuch der Hose zusammen ergaben einen charakteristischen Geruch. Er gehört zu meiner Kindheit. Der Kirchgang war damals kein heißes Eisen in unserer Familie. Später änderte sich das für eine ganze Zeit. Damals aber waren Bügeleisen, Zigarre, Schuheputzen, Hut mit Bier abbürsten und auf Glanz bringen, Gebetbuch nehmen und zur Kirche gehen eine untrennbare Einheit. Wir Kinder hatten noch keine bügelwürdigen Hosen. Wir trugen sommers wie winters kurze Hosen, sommers mit Kniestrümpfen, winters mit langen Strümpfen. Da bekam man ein Leibchen um den Bauch gebunden, an dem die schrecklich dikken Strümpfe irgendwie mit riesigen Knöpfen und Spangen mütterlicher Spezialkonstruktion festgezurrt waren.

Von Schönheit keine Spur, angeblich aber sehr praktisch. Das entwickelte sich irgendwann doch zu einem heißen Eisen, als wir schon auf das volle Mannestum zuschreitenden Söhne der Familie andere Kleidersitten forderten. Unser Pech war nur: es gab nichts anderes, denn es war Krieg. Eine einzige Hose hätte sämtliche Punkte unserer vier Reichskleiderkarten aufgefressen.

Mit dem Umzug in den Lausitzer Sand wechselte auch die Technologie unseres Bügelverfahrens. Es gab auf dem Dorf kein Gas. Also nutzten uns die Bolzeneisen nichts mehr. Eines Tages erschien der Haushaltsvorsteher Peter mit einem Schlachtschiff unter dem Arm. Es entpuppte sich als Bügeleisen mit Brikettfeuerung. Man mußte glühende Kohle aus dem Herd nehmen. Diese wurde in das aufgeklappte Ungetüm geschüttet. Dann wurde der Dekkel zugemacht, ein Hebel herumgelegt und schon konnte das Bügeln beginnen. Jede Feuerwehr würde heutzutage Katastrophenalarm auslösen, wenn jemand mit diesem Brikettbügeleisen erwischt würde. Die Kohle schwelte und glühte im Eisen. Das Eisen mußte dazu Luftlöcher haben. Die wirkten aber oft wie ein Schornstein. Da war der giftige Qualm in der ganzen Küche. Ein Wunder, daß keiner aus unserer Familie eine Gasvergiftung bekommen hat. Ganz schlimm wurde es, wenn Mutter den Sicherungsbügel nicht fest genug eingerastet hatte. Dann klappte das Bügeleisen auf. Das wirkte ungefähr wie der Ausbruch eines Vulkans: glühende Kohle auf der Wäsche, glühende Kohle unter dem Tisch, glühende Kohle auf dem Sofa hinter dem Tisch, glühende Kohle schließlich noch auf der Lampe. Aber kein Fünkchen glühende Kohle im Bügeleisen. Das ganze Gerät war, wenn es funktionierte, furchtbar unhandlich und sehr schwer. Ich hatte immer Angst vor dieser Art von Kulturverfeinerung durch Bügeln. Sie wirkte auf mich eher wie der aussichtslose Kampf des Menschen gegen die Naturgewalten. Mag sein, daß der Erfinder dieses Brikettfeuerungsbügeleisens geglaubt hat, er habe der Welt ein Geschenk gemacht. Es scheint aber nicht jede Erfindung zum Heil der Menschheit zu sein. Manches, was sehr praktisch aussieht, stinkt und vergiftet die Atmosphäre. Es war beruhigend, als diese Bügellokomotive aus dem Verkehr gezogen werden konnte.

Das nächste Eisen hatte nun doch etwas mit Elektrizität zu tun. Für die ersten elektrischen Bügeleisen benötigte man freilich auch noch einige Muskelkräfte. Sie ähnelten eher Granaten als heutigen Bügeleisen. Die Kabel waren so dick wie Überlandstromleitungen. Die Sicherung flog mindestens dreimal pro Bügelvorgang heraus. Das Kabel hatte die angenehme Eigenschaft, immer genau hinter dem Bügeleisenstecker zu brechen und dabei Funken zu sprühen. Die elektrische Bügeleisenzeit war die Zeit, in der wir beiden jungen Herren uns das erste Mal zu rasieren versuchten. Das strapazenreiche Schlipsbinden wurde ausdauernd trainiert. Unsere Eltern beobachteten diese Vorkehrungen zur Gründung einer späteren Großfamilie mit Gelassenheit. Meine Mutter bemerkte in dieser Epoche einmal: Du verdrehst den Mädchen den Kopf! Erstens hatte sie sich in ähnlichem Alter auch den Kopf verdrehen lassen, zweitens war hier die entscheidende Frage, wer wem den Kopf verdrehte. Wenn eine junge Dame mit Zweitausend-Watt-Augen in meiner jugendlichen Nähe auftaucht, ist es doch gar nicht leicht, eine Tiefkühltruhe zu bleiben. Natürlich spielte das elektrische Bügeleisen in diesen Tagen eine große Rolle. Knitterfreie Stoffe gab es noch nicht, bügelfreie Schlampermode war auch nicht im Gebrauch. Wer schön sein wollte, mußte zum Bügeleisen greifen. Die eigentlichen heißen Eisen dieser Zeit waren ganz normale Dinge. Mein Vater formulierte sie in einer Art ständiger Litanei so: Ihr seid nie zu Hause. Ihr helft zu Hause überhaupt nicht. Ihr kümmert euch nicht mehr um uns, im Garten macht ihr gar nichts mehr, ihr könntet ruhig mal an eure Eltern denken, ihr habt nur noch die Mädchen im Kopf, ihr seid zu nichts mehr zu gebrauchen, ihr vergeßt alles andere! undsoweiterundsofort. Er hatte ja recht, der arme Mann.

Die Mutter war diplomatischer. Sie sagte: Bringt doch das Jungvolk mit. Das erwies sich als sehr hilfreich. So tagten wir in einer sonnenlosen Hinterhofwohnung mit bis zu zwanzig Leuten auf vier Stühlen und fühlten uns ungeheuer wohl dabei. Vater und Mutter hockten mit im Kreis und fielen gar nicht als Eltern auf. Das Kabel von der elterlichen Autorität zu unserem elektrisierten Tatendrang der Jungmännerzeit war von den Eltern lang genug gelassen. Der Kontakt zur elterlichen Stromquelle blieb ungefährdet erhalten. Die Sicherung flog nicht heraus. Es gab während und nach dieser schönen Jugendzeit mit all ihren Abenteuern nichts Schlimmes, das dann mühsam wieder hätte ausgebügelt werden müssen.

Ein heißes Eisen war allerdings in diesen Jahren der Hausschlüssel. Unsere jugendlichen Ansichten vom Besitz und der Verwendung dieses Schlüssels widersprachen in wesentlichen Punkten der Ansicht unserer elterlichen Vorfahren. Das Tor zu unserer Hinterhofwohnung hatte zusätzlich zum Hausschlüsselproblem noch eine Schwierigkeit. Die Türklinke saß etwa in einmetersiebzig Höhe. Man hätte dieses Tor bequem im Tempel von Jerusalem mit einbauen können, so riesig war es. Wenn man nun selbst so um die einmeterfünfzig lang ist, muß man wahre Sprünge vollführen, um an die Türklinke zu kommen. In unseren Kindertagen stellte ich mich auf die Schultern meines Bruders. So war das Problem gelöst. In späteren Jahren ging das nicht mehr. Da war ich aber ohnehin nur noch als Gast zu Hause.

Zurück zum Bügeleisen. Die Arten von Bügeleisen, mit denen sich meine Mutter herumquälen mußte, sind heutzutage nur noch bei Sammlern oder in Museen zu finden. Der moderne Mensch geht in den Elektroladen und kauft sich einen Dampfbügeltextilglätter. Es wird nicht lange dauern, dann sind diese Geräte auch noch computergesteuert und mit eingebautem Kassettenrecorder versehen. Solarzellengeheizte Bügeleisen soll es heute schon geben. Welch ein Fortschritt vom Bolzeneisen über das brikettgeheizte Bügeleisen bis zum Solarzellencomputerbügeleisen. Die neue Generation von Bügeleisen macht aus der schweren Arbeit des Bügelns bei Qualm, Dunst und Hitze einen wahren Erholungsaufenthalt in der Küche. So jedenfalls hört es sich in den Reklametexten für solche superleichten Bügeleisen an. Die Bügeleisen haben sich sehr geändert. Der Mensch, der das Bügeleisen benutzt, ändert sich weit weniger. Ich glaube nicht, daß ich in den Jahren vom Bolzeneisen bis zum Dampfbügeleisen für meine Umgebung pflegeleichter geworden bin. Der Falten in meinem

Charakter sind nicht weniger geworden, eher mehr. Man braucht viele Leute um sich herum, die das ausbügeln, was man falsch macht. Die neue Technik bringt nicht den neuen Menschen. Der Mensch muß lernen, mit der neuen Technik fertigzuwerden. Das ist das heißeste Eisen unserer Tage.

Was man schwarz auf weiß besitzt

Ein Buch ist ein Gegenstand, der normalerweise einen Deckel vorne und einen Deckel hinten hat. Dazwischen sind bedruckte Blätter. Das Kunststück besteht darin, herauszufinden, was diese Blätter mir sagen wollen. Ich bin über mich schrecklich unglücklich, wenn ich vor einem Buch in Arabisch stehe. Das kann ich mir von vorne, von hinten, von oben, von unten und im Kopfstand beschauen. Es ist nicht zu ergründen, was in diesem Buch zu lesen wäre. Nun ließe sich dieses Übel abstellen, wenn ich nicht zu träge wäre, arabisch zu lernen. Uns ist es allen einmal so mit ganz normalen Büchern gegangen. Wir mußten die Kunst des Lesens mühsam lernen. Heute weiß man nichts mehr von dieser harten Arbeit. Nur wer in den unteren Klassen Religionsunterricht gibt, leidet immer wieder mit, wenn die Kleinen versuchen, ein Wort aus ihrem Religionslehrbuch mühsam zusammenzusuchen. Und wie stolz sie sind, wenn sie den Sinn und den Klang des Wortes entdeckt haben!

Mir fiel ein Text aus den Jahren um 1000 in die Hand. Er stammt aus dem Judentum und handelt vom Lesen. Das ganze ist als Mahngedicht geschrieben und fängt mit den Worten an: „Wenn du Kinder erzeugt hast, so unterweise sie jederzeit, jedoch mit Milde. Wende alles auf, ihnen Bücher zu kaufen." Ein Buch war um das Jahr 1000 eine fast nicht zu bezahlende Kostbarkeit. Klöster haben um diese Zeit Länder und Dörfer verpfändet, um das Geld für ein wichtiges Buch zur Verfügung zu haben. Heute kaufen die Eltern ihren Sprößlingen Mopeds. Neuerdings hat sich das noch gesteigert. Bei uns kommen schon Jünglinge mit dem eigenen Auto in die Jugendstunde. Die jüdischen Eltern gaben das gleiche Geld für Bücher aus. Es muß für einen Menschen sehr viel bedeuten, wenn er so früh wie möglich die Nase in die Bücher steckt.

Irgendwann um das Jahr 1941 muß ich in der Lage gewesen sein, Wörter zu lesen und Sätze zu entziffern. Das ist nicht selbstverständlich. Es gibt heutzutage gar nicht wenige Erwachsene, die das nicht können. Die klugen Naturwissenschaftler nennen das Legasthenie. Ich jedenfalls bin in der Lage zu lesen und einigermaßen zu begreifen, was ich lese. Mich würde interessieren, wann ich das erste Buch in der Hand gehabt und es gelesen habe. Es wäre schön zu wissen, wie das Buch hieß. Das erste Buch ist ein Schlüsselerlebnis im Leben. Leider behält der Mensch nur das Nebensächliche seines Lebens.

Die Hauptsache nimmt er nicht wahr. Ich weiß, daß ich als Kind mutig und gradeaus in ein Sickerloch mit üblem Inhalt marschiert bin, das wegen eines Hausumbaus in unserem Garten gegraben war. Ich weiß auch noch die folgenden pädagogischen Maßnahmen der Eltern sehr genau. Von meinem ersten Buch habe ich überhaupt keine Erinnerung. Haben mir meine elterlichen Vorleser es in die Hand gegeben? War es das berühmt-berüchtigte Buch vom Strubbelpeter? Mit dem ersten Buch muß dann bald eine Bücherkettenreaktion eingesetzt haben. Es kam die Zeit, in der mein Bruder und ich wahllos alles in uns hineinstopften, was auch nur entfernte Ähnlichkeit mit einem Buch besaß. Dunkel kommt das Bild von zwei Büchern, die uns eine fromme Seele ausgerechnet zur Erstkommunion geschenkt hatte. Das eine hieß „Helden zu Land", das andere in einfallsreicher Kreativität „Helden zur See". Beide handelten von echten deutschen, markigen, tapferen Kriegern. Dann gab es auch bald stapelweise jene bunten Hefte mit Titeln wie „Almenrauschen am Kirnitztal" oder „Brigitte heiratet den Öberköfelhof" oder „Jägers Lieb und Jägers Tod".

Dazwischen las man „Tom Shark, der Meisterdetektiv". Allerdings gehörte in diese Frühzeit des Lesens auch die „Kostbare Sammlung auserlesener und wahrer Geschichten für das brave Kommunionkind" von Theobalda Maria von Schwarzbach. Für den genauen Titel und den Namen kann ich nicht garantieren.

Etwas später wurden Baufachzeitschriften meine Leidenschaft. Da wurden jahrgangsweise gute Zeitungen dieser Art von einem pensionierten Bauingenieur geholt und mit Interesse gelesen. So erlangte ich Kenntnis von Jugendstilmöbeln und Kirchturmdachkonstruktionen. Unsere Eltern haben in die Arbeit des Sortierens nicht eingegriffen. Sie glaubten an die Selbstheilkräfte der Natur. Ob man das heute noch so machen kann, weiß ich nicht. Damals war Literatur noch etwas bürgerlicher. Natürlich las man auch Karl May. Irgendwie wurde das aber nie meine große Leseliebe. Ausgesprochen religiöse Bücher kann ich nicht in meinen ersten Lesejahren entdecken. Um das zwölfte Jahr herum gab es allerdings einen bedeutenden Punkt in der Leselandschaft meines kindlichen Gemütes. Unsere Mutter gab uns Söhnen ihre handgeschriebenen Tagebücher. Das war sehr mutig. Beides zusammen hat mir wohl mehr gegeben, als ich damals wußte: das offene Bekenntnis der Mutter zu ihrem Leben und die Handschrift der Mutter.

Es ist ein Unterschied, ob man Tagebücher gedruckt oder in der den Tagebüchern eigenen Handschrift liest. Der Mensch macht dann die Erfahrung, daß Lesen zuerst etwas mit Schreiben zu tun hat, und später erst mit Drucken. Es war alles in allem ein bunte Mischung von Lesestoff, die mein zartes junges Gemüt sich einverleibte. Für das Gemüt und den Verstand muß es etwa so gewesen sein, als ob jemand Sauerkraut, Honig, Hundekuchen, Apfelbaumblüten, Leberwurst, Mostrich und Zahncreme in einen Topf tut, das Ganze aufkocht und dann suppenlöffelweise in sich hineinschaufelt. Es scheint aber irgendwo schon ein innerer Kompaß eingebaut gewesen zu sein. Ich kann mich erinnern, daß ich als Kind Schwierigkeiten mit einem Schullesebuch der Nazizeit hatte. Da stand: „Ein zackiger Junge begrüßt den Führer." Mir wurde fast übel, das Wort „zackig" in einem ernstzunehmenden Lesebuch für Schüler zu entdecken.

Die Heilige Schrift als das Buch aller Bücher ist mir lange nicht ins Blickfeld gekommen. Irgendwo im Vertiko muß eine evangelische Bibel gestanden haben. Die durften wir aber nicht lesen. Auch unsere Eltern waren der Meinung, die Kirche habe den Katholiken das Lesen der Bibel verboten. Mit Hilfe einer Blamage kam dann doch mindestens das Neue Testament ins Haus. Wir hatten in unserem Wohnzimmer Gruppenstunde mit fünfzehn Halbstarken. Der Kaplan erschien gut präpariert und wollte sein Thema mit uns beackern. Gleich zu Anfang sagte er:

„Klaus, gib mir doch mal dein Neues Testament.“ Nun gebe man einem Kaplan ein Neues Testament, wenn man keins hat. Der arme Kaplan hat sich lange nicht von dem Schock erholt. Ich meinerseits besorgte mir die Übersetzung von Tillmann, was damals noch ein Abenteuer war. Nach Art von Jugendlichen wandte ich dann das Prinzip „Alles oder Nichts“ an und verschluckte das ganze Neue Testament in einer Mammutdauerlesung. Ob da bei mir innen drin etwas geschehen ist, kann man bezweifeln. Einen Vorteil hatte diese Aktion: Ich hatte mindestens das Neue Testament schon einmal von Deckel zu Deckel gelesen – man müßte besser sagen, geschwartet. Später machte es dann Spaß, verschiedene Übersetzungen miteinander zu vergleichen. Heute gehört es zu meinem Leben, immer wieder nach anderen Übersetzungen Ausschau zu halten und sie meiner Sammlung von Bibeln hinzuzufügen. Da mich das Schicksal zwischendurch noch einmal auf die Schulbank gesetzt hatte, kann ich mit einigem Aufwand die Bibel auch im Originaltext lesen und dann vergleichen, wie die deutschen Übersetzer sich an der Übersetzung versucht haben.

Die meisten Übersetzungen sind zu weich. Sie bringen die Prägnanz des Originals nicht ins Deutsche. Martin Luther hatte noch die Kraft zum Übersetzen. Freilich ist die Bibel kein Quelle-Katalog. Wer sie so aufschlägt, hat wenig davon.

Das eigentliche Lesen hat mir meine Deutschlehrerin beigebracht, als ich nach meiner Gesellenprüfung vier Jahre lang die Schulbank bis zum Abitur drückte. Sie half zuerst einmal, den Wust des Gedruckten zu sortieren. Ohne Hilfe wäre das nicht möglich gewesen. Dann führte sie uns in die Innenwelt der Bücher ein. Wir entdeckten, daß Worte etwas anderes sind als Wörter. Manche Worte führen in Tiefen wie alte Brunnen. Manche Worte sind fröhlich wie ein Lied. Hinter den Sätzen verbergen sich Welten. Der Dichter verdichtet das Leben. Die Studienrätin lehrte uns, die Herausforderung der Bücher zu erkennen und anzunehmen. Sie führte uns zu der Erkenntnis, daß gute Bücher nicht informieren, sondern offenbaren. Bis dahin hatte ich wohl mit den Augen die schwarzen Flecke der Buchstaben auf dem weißen Papier abgetastet. Doch die Botschaft des schwarzen Wortes auf dem weißen Papier war mir nicht bewußt geworden. Mag sein, daß ich sie vernommen hatte, ohne es mit dem Verstand reflektiert zu haben. Nun begann die Arbeit, in den Büchern das Eigentliche zu suchen.

Bücher fordern den Leser heraus. Wenn ich lese, muß ich Geduld haben mit mir und mit dem Wort. In den Zeitungen gibt es Anzeigen, die eine Anleitung zum schnellen Lesen versprechen. Mir sind solche Anleitungen unheimlich. Das wäre so seltsam wie ein Kurs in schnellem Essen oder schnellem Lieben. Wie vorsichtig und zart das klingt: Ich nehme ein Buch zur Hand. Man könnte ja auch sagen: Ich zerre ein Buch aus dem Regal. Aber ein solcher Satz widerstrebt mir. Ich muß das Buch zur

Hand nehmen und spüre dann, ob es zu mir gehört. Es gibt Bücher, die man wieder aus der Hand legt, weil man für sie noch nicht reif ist. Später wird man nach ihnen greifen und die Weisung empfangen, die nötig ist für diese Stunde des Lebens. Jene Studienrätin hat uns Bücher in die Hand gegeben, die heute noch bei den meisten Priestern dieses Kurses im Bücherschrank zu finden sind. Allerdings gab es einmal eine Differenz zwischen der Lehrerin und mir. Sie erteilte mir den Auftrag, die Rolle des Bindestrichs in den Werken von Gertrud von Le Fort darzustellen. Das war bei aller Freude am Deutschunterricht doch zu viel. Lieber bekam ich Grippe und legte mich so lange ins Bett, bis der Termin für die Abgabe der Arbeit vorbei war. Meine Deutschlehrerin war sichtlich verstört. Die Quittung kam dann auch nach. Im Zeugnis rutschte meine Zensur in Deutsch sichtbar nach unten. Der Bindestrich bei Gertrud von Le Fort ist bis heute unbearbeitet geblieben.

Ein Haus ohne Bücher ist für mich wie eine Suppe ohne Salz oder wie eine Stehlampe ohne Glühbirne oder wie ein Trompeter ohne Trompete. Da ist der Vorhang von der Bühne hochgezogen. Die Bühne ist zur Aktion bereit. Aber es spielt keiner. Bei uns gab es immer Bücher. Ich erinnere mich an eine wunderschöne Ausgabe von Ludwig Uhland, an Gustav Freytag und an ein dickes altes, schon aus dem Leim gegangenes Universal-Konversations-Lexikon uralter Zeiten. Dazu kam noch der Reichsmarinekalender von 1906. Wie dieses Buch sich zu den Festlandbewohnern gefunden hat, ist mir unerklärlich. Der Schrank war voll bis zum Bersten. Nur weiß ich von all den anderen Büchern nicht einen einzigen Titel mehr. Den eigenen Bücherschrank richtet man sich im Lauf des Lebens nicht nur einmal ein. Die Interessen und die beruflichen Aufgaben wechseln. Da müssen immer wieder Bücher weichen, damit die neuen Platz haben.

Da ist ein Kommen und Gehen in meinem Bücherschrank. Es wäre nicht die uninteressanteste Frage: Welches wird das letzte Buch sein, das ich in meinen Bücherschrank stelle? Und welches wird das letzte Buch sein, das ich lese?

Pastorale Kückenzeit

Meine erste Stelle war eigentlich schon die zweite. Die Diözese war zur Zeit meiner Priesterweihe so voller Priester, daß man mich erst einmal für ein viertel Jahr in der Pfarrei Neuzelle aufbewahrte. Dann ging es nach Cottbus, in die größte Pfarrei, die der Bischof damals zu bieten hatte. Vollgestopft mit Theologie und gutem Willen wollte ich nun dieser Stadt das Heil in völlig neuer, überraschender, überzeugender, überwältigender Weise darreichen. Diese große Idee scheiterte schon am ersten Tag an einem ganz kleinen technischen Problem. Der mächtige Hochaltar hatte einen gewaltigen Tabernakel. Dieser befand sich hinter einer breiten Altarplatte.

Außerdem hatte der Altar die Höhe von genau einem Meter. Als ich zur Kommunionausteilung den Kelch aus dem Tabernakel nehmen wollte, kam die Krise: Der Tabernakel war nicht erreichbar. Die Türe konnte nicht geöffnet werden. Das Heil blieb den Menschen verschlossen. Später reichte mir dann die Sakristeischwester dezent von links eine graugestrichene, speziell für mich angefertigte Fußbank. Diese ersteigend, konnte ich den Tabernakel erreichen.

Meine Kaplanswohnung war noch mit den Möbeln meines Vor-Vorgängers ausgestattet. Der hatte die Gestalt eines Riesen und den Umfang eines Bären. So mußte er sich Sessel für sein Riesenbärenformat bauen lassen, dazu einen nierenförmigen Klubtisch, unter dessen langen Beinen ich bequem hätte mein Schlafzimmer einrichten können. Da ich nicht immer mit der Leiter auf meine Tischplatte gelangen wollte, tat eine Säge gute Dienste. Der Krach, den der Herr Ortspfarrer daraufhin veranstaltete, erinnerte etwas an die Oktoberrevolution. Mein Dienstfahrzeug bestand zunächst aus keinem Dienstfahrzeug, sondern aus dem geborgten Damenfahrrad der Schwester des Pfarrers. Mit diesem Gerät mußte man die weite Stadt durchkreuzen, weil ein ganz dringender Versehgang hinter dem Flugplatz angemeldet war. Zwei Meilen weit in der Vorstadtsteppe war das Haus zu finden. Aber die sterbenskranke Großmutter hatte sich unsichtbar gemacht. Meine vorsichtige Frage an die Tochter, wo denn die Dame sei, die ich versehen sollte, bekam schnell Antwort: „Oma ist gestern abend mit dem Zug nach Brandenburg gefahren."

Später ließ ich mir von einem guten Fahrradmonteur ein eigenes Rad bauen. Er hatte noch Teile aus der Vorkriegszeit in seinen Beständen. Das schöne Rädchen war knallrot, was wiederum gegen die Amtsauffassung meines Pfarrers verstieß. Er entsetzte sich und beschwor mich, das Rad doch auf seriös schwarz umstreichen zu lassen. Mindestens an dieser Stelle setzte ich meinen Kopf durch. Die Pfarrei bestand in den ersten Wochen für mich aus einem Menschenmeer, das keine unterscheidbaren Merkmale aufwies. Wer war wer, wer gehörte wohin,wo wohnte der und wo arbeitete jener, welcher Mann gehörte zu welcher Frau, welches Kind gehörte zu welchen Eltern, welcher Mann gehörte zu keiner Frau. Die Frage: welches Auto gehört zu welcher Familie? war noch nicht aktuell. Langsam kamen Unterscheidungsmerkmale zu Tage. Bei den Kranken machte das keine Schwierigkeiten. Zwei Tage im Monat ging es zu den Hauskranken. Das gab unter anderem auch ein gutes Muskeltraining. Die Katholiken wohnten flüchtlingsmäßig im vierten Stock oder im ausgebauten Dachboden. Da kommt der Mensch an zwei Tagen schon zu beachtlichen Bergsteigerleistungen. Bei den Kranken sangen wir zur Krankenkommunion meist die ganz alten schlesischen oder sudetendeutschen Lieder. Viel Zeit blieb für die einzelnen Besuche nicht. Da sollten die wenigen Minuten wenigstens so sein, daß der Kranke mitfeiern konnte. Dann waren da noch vier große Krankenhäuser, in denen auch Menschen auf den Kaplan warteten. In einer der Kliniken lagen Patienten manchmal ein Jahr und länger fest im Bett. Da mußte man schon viel Mut machen. Die Gefahr für einen frisch ins pastorale Leben gestarteten Jüngling ist, daß er bei solchen Langzeitkranken ganze Bände voller kluger Worte redet. Es ist ein Unterschied zwischen einem echten Tröster und einem Vertreter in Sachen frommer Sprüche. Da war noch viel an Takt und Feinfühligkeit zu lernen.

Mein Mitkaplan war sehr um mich besorgt. Er wollte, daß ich nicht zu viel Zeit verlöre, um mich in die Jugendarbeit hineinzubeißen. Darum übergab er mir eine schlichte Holzkiste. Ich hob den Deckel und fand vierhundert Karteikarten von Jugendlichen. Diese Karten und die dazugehörigen Teenager gehörten nun mir ganz alleine. Der Erfolg stellte sich bald ein. Bei der ersten Jugendstunde saßen hundertzwanzig Pfarrjugendliche um mich herum. Ich brach total und absolut ein. Wir hatten zwar im Seminar etwas über das Münchener Katechetische Modell gehört. Aber wie man eine Jugendstunde so hält, daß es keine Vorlesung und kein Bla-Bla-Abend wird, war uns nicht verraten worden. Die nächste Gruppenstunde war die der jüngeren Jungen. Das waren Typen. Heute würde man sagen: Die sind aber lieb und zahm. Damals ging mein Puls erheblich in die Höhe, als die Kerle nach und nach in die Gruppe kamen. Sie sind inzwischen alle gute Väter und haben die Silberhochzeit schon hinter sich oder knapp vor sich. Außerdem hatte uns niemand beigebracht, wie man mit Konten umgeht, was ein Scheck ist, wo man Geld abheben kann, was ein Kassenbuch ist und dergleichen mehr. So verwendete ich in der Jugendarbeit das berühmte Zigarrenkistenkassenverfahren und zahlte tüchtig drauf. Und das bei den müden Markstücken, die ein Kaplan vor dreißig Jahren in seinem Portemonaie hatte. Glücklicherweise bildete das gute Essen, das die Schwester des Pfarrers bereitete, ein ausgleichendes Gegengewicht für alle Aufregungen und Anforderungen. Nur sonntags war es gefährlich. Wir hatten noch das totale Nüchternheitsgebot. Um halbsechs war man im Beichtstuhl, um sechs hatte man die erste Messe. Dann teilte der Kaplan die Kommunion bei den anderen Messen aus und feierte um halb zehn das Hochamt. Bei der nächsten Messe war wieder Beichthören und Kommunionausteilen an der Reihe. Oft gab es danach noch Taufen zu spenden. Danach kam das erste Essen des Tages, falls man nicht schnell zwischendurch einen Bissen im Pfarrhaus hatte schlucken können. Ein gutes, fettes Mittagessen auf nüchternen Magen kann verheerende Folgen haben. Meist mußte man in Eile essen, denn die Außenstationen warteten auch noch auf ihren Gottesdienst.

Da war also nichts mit stufenweiser Belastung des Herrn Neupriesters. Es ging gleich auf volle Touren. Wie soll das gehen, wenn man doch ein pastorales Kücken ist. Ich wollte arbeiten, keine Frage. Ich wollte bitte sehr aber auch beten. Man wird sonst zu schnell zum Religionsfunktionär. Mein Pfarrer verstand etwas von Seelsorge und etwas von Beten. Wenn ich abends aus dem Gemeindehaus von der Jugendstunde kam, erzählten wir erst vom Tag. Dann beteten wir Rosenkranz. Das ist sehr gut so. Doch ein Mitternachtsrosenkranz geht auf die Dauer über die Kräfte.

Der Pfarrer brauchte nur ganz wenig Schlaf. Er tauchte auch während des Tages eben einmal für zehn Minuten in seinem Sessel weg, wenn er Pause machen konnte. Dann war der alte Priester wieder ganz munter. Ich habe mich an dieses Schnellschlafintervallsystem nie gewöhnen können. Der andere Kaplan konnte es, und so bekam ich immer ganz zarte und kleine Spitzen wegen meiner Schlafsucht serviert. Ich bin aber der Meinung, daß Schlaf zur geordneten Seelsorge gehört. Wenn Ochsen nach der Arbeit schlafen dürfen, dann darf es ein Kaplan auch.

Inzwischen hatte man mir einen DKW F 8 anvertraut, eine Typenbezeichnung, die das Herz von Oldtimerfans hochschlagen läßt. Die Sperrholzbeplankung des Wagens war schon mal bei meinem Vorgänger durch eine Pferdewagendeichsel mit Löchern versehen worden. Diese übernagelte ich mit einem Igelit-Knieschutz vom Moped und strich das

Ganze tiefschwarz. Leider gelang es einem jungen Kaplan nicht, auch die Gangschaltung zu reparieren. Ein DKW F 8 hat nur drei Gänge. Der erste Gang war ruiniert, den dritten Gang konnte man in der Stadt nicht gebrauchen. Also ging alles im zweiten Gang, bis dabei einmal ein fremder Moskwitsch zu Schaden kam. Mit Hilfe eines alten KFZ-Krauters wurde aus einem noch älteren DKW das Getriebe entnommen, damit meine Seelsorge wieder im richtigen Gang laufen konnte. Der Wagen blieb immer weit von Cottbus weg in den Diasporadörfern stehen wie ein störrischer Esel. Darauf trampte ich regelmäßig nach Cottbus, holte den ersten Kaplan mit seinem Wartburg und wollte den DKW abschleppen lassen. Das war aber gar nicht nötig, weil der neue Kaplan nur vergessen hatte, den Benzinhahn auf Reserve zu stellen. Man glaubt gar nicht, wieviel Spott und Hohn sich aus dem Mund der Mitbrüder über einen unschuldigen Menschen ergießen kann. Später haben sie es wieder heimgezahlt bekommen. Mein Feingefühl verbietet es mir, hier davon zu berichten. Die Leute in den Dörfern verließen immer fluchtartig die Straße, wenn der Cottbuser DKW am Horizont auftauchte. Es war aber das einzige Auto, mit dem man gut und sicher auf den Deichwegen zwischen den Fischteichen fahren konnte. Später hatte man mit dem Trabbi Schwierigkeiten, der setzte vorne auf.

Die Kückenzeit meiner Seelsorgeerfahrungen dauerte leider nicht lange. Der zarte Körper wollte nicht so, wie meine Seele es geplant hatte. Man lieferte mich den Ärzten aus. Diese begannen, mit Messern zu hantieren. Danach hielt es der Bischof nicht für gut, die Pfarrei mit einem lädierten Kaplan zu bestücken. Also wanderte mein Hab und Gut auf einen PKW-Anhänger und wurde in ein Pfarrhaus geschafft, das rechts von einem Tagebau und links von einer Bauxitfabrik eingerahmt war. Es hatte keinen Zweck, sich in Lauta den Hals zu waschen. Er war immer rechts schwarz und links rot. Die zwei Zimmerchen in diesem Pfarrhaus bestanden aus dem Spitzgiebel, der mit Sauerkrautplatten verschalt und tapeziert war. Es war nicht möglich, die Antenne des Kofferradios auszufahren, man hätte denn ein Loch ins Dach gebohrt. Es war aber nötig, die Antenne zum lieben Gott auszufahren. Denn die Jahre, die dann kamen, waren wahrlich keine Kückenzeit der Pastoral mehr.

Drei Jahrzehnte sind nicht lang

Im Lauf der Weltgeschichte sind dreißig Jahre eine mikroskopisch kleine Zeit. Sie sind eine kleine Weile, wie die Bibel sagt. Dreißig Jahre gehen schnell über die Bühne des großen Welttheaters. Die dreißig Jahre, von denen hier die Rede ist, begannen 1961. Der Normalbürger weiß, daß 1961 die Berliner Mauer gebaut wurde. Wer gut in Geschichte ist, erinnert sich noch an die erste Erdumkreisung Juri Gagarins, des sympathischen Russen, im Raumschiff Wostock 1. Die Schachspieler haben im Hinterkopf, daß Botwinnik wieder Schachweltmeister wurde. In der Politik geht es munter zu. Im Jahre

1961 wird das für die meisten Russen so symbolträchtige Stalingrad in Wolgograd umbenannt, weil Stalin der Weise, Einzige und Eigne plötzlich nicht mehr modern ist. 1961 stürzt der Generalsekretär der UNO, Dak Hammarskjöld, mit dem Flugzeug ab. Man nennt ihn den Mystiker im Frack. Nach dem tödlichen Unfall wird ihm der Friedensnobelpreis verliehen. Als kleine Erwärmungsübung im kalten Krieg treffen sich in diesem Jahr 1961 Chruschtschow und Kennedy in Wien. Dabei versucht Chruschtschow nach seinen eigenen Worten, dem jungen Mann das Fürchten beizubringen. Im Jahre 1961 wird das Deutsche Wörterbuch der Gebrüder Grimm fertiggestellt. Es ist eine Gemeinschaftsarbeit von Göttingen und Ostberlin. Man hatte seit 1852 daran gearbeitet. Ich ärgere mich bis heute, daß ich es mir nicht zugelegt habe. Meine damaligen Finanzen wären wohl hoffnungslos überstrapaziert gewesen. Außerdem braucht man für die vielen dicken Bände mindestens eine Dreizimmerwohnung.

Ob irgendwo in einem Geschichtsbuch später einmal zu lesen sein wird, daß 1961 die ersten Priester aus dem Norbertuswerk geweiht worden sind, bezweifle ich. Im Jahre 1952 war das Norbertuswerk ungefähr aus dem Nichts heraus gegründet worden. Es gab eine ganze Reihe von jungen Männern, die Priester werden wollten. Sie hatten einen Beruf, aber kein Abitur. Da man als Christ im Sozialismus nur unter größten Schwierigkeiten zum

Abitur kam, brauchte die Kirche Gottes irgendeine Schule, die uns auf das Studium vorbereitete. Ohne Abitur gibt es normalerweise weder eine Priesterweihe noch eine Bischofsweihe noch einen Papsthut. Damals dauerte der Weg vom Eintritt ins Norbertuswerk bis zur Priesterweihe ungefähr zehn Jahre, was sich so lang wie Gummi hinzieht, wenn man sowieso nicht mehr ganz taufrisch ist.

Siebenunddreißig junge Männer aus den Gebieten der ehemaligen DDR hatten 1952 angefangen, Latein, Erdkunde, Religion, Mathematik und vieles mehr zu lernen, um Priester werden zu können. Zehn davon weihten die Bischöfe der verschiedenen Diözesen 1961 zu Priestern. Sieben brauchten noch etwas länger bis zur Primiz. Wir sind also siebzehn Priester aus dem ersten Jahrgang des Norbertuswerkes in Magdeburg. Einer von den siebzehn lebt nicht mehr. Er verunglückte noch vor seinem Silberjubiläum und vor seinem fünfzigsten Lebensjahr. Einer der siebzehn ist heute nicht mehr im priesterlichen Dienst. Also können im Jahre 1991 acht Männer ihr Dreißigjähriges feiern. Jeder von uns hat seine eigene Art, Mensch und Priester zu sein. Das ist nur gut so. Denn sonst wäre es in der Kirche langweiliger. Jeder hat in diesen dreißig Jahren seine guten Stunden erlebt und seine Prügel vom Schicksal bekommen. Das ist normal. Nun sehen wir schon etwas antik aus. Der Zahn der Zeit nagt. Die alten Fotos zeigen kernige Gestalten mit vollem Haar und blitzenden Zähnen. Heute muß man sich schon ein Toupet kaufen, um volle Haare vortäuschen zu können. Die blitzenden Zähne werden in unserem Alter gleich dutzendweise als Ersatzteile vom Zahnarzt angefertigt. Auch die Taille hat sich beträchtlich verändert. Wo früher die elegante Schlankheitslinie die Schönheit des Jünglings darstellte, wölbt sich heute ein Bauch. Man kann beim Brevierbeten das Stundenbuch drauflegen. Schwierig wird es allerdings erst, wenn ich nicht mehr zwischen Steuer und Sitz meines Autos passe. Als ich Student wurde, hatte ich die Kragenweite 39. Bei der Priesterweihe war es ungefähr die Nummer 40. Völlig unbegreiflich: ich muß nun zum dreißigjährigen Jubiläum die 44 um den Hals binden. Seltsamerweise kommen alle Leute und sagen: Herr Pfarrer, Sie sind aber dünn geworden! Die Brille gehört zur Grundausrüstung unserer Seelsorge. Früher trug ich zwar auch schon eine. Doch als Kind verlor ich sie schnell mal, weil meine Eltern mir so ein scheußliches Kassengestell gekauft hatten. Später schaffte ich mir wieder eine an, um die schlechte Schrift des Lehrers an der Wandtafel unter Kontrolle zu bekommen. Heute braucht der Mensch schon drei Brillen: eine für das Buch vor der Nase, eine für die Schönheiten in der Ferne und die dritte für das Meßbuch auf dem Altar. Dieses wichtige Buch liegt nämlich genau in der Entfernung, die den anderen beiden Brillen nicht zugänglich ist. Vor dreißig Jahren hatte der Mensch auch in seinem Innenraum einige Organe mehr. Nachdem die Ärzte sich hilfreich meiner angenommen hatten, fehlt da jetzt einiges.

Nach der Lehre der Kirche ändert das nichts an der Gültigkeit der Priesterweihe. Man hätte ja schließlich im Ganzen schon nicht mehr unter den Gläubigen existieren können. Die himmliche Rechenkunst wollte aber offenbar, daß wir noch leben und arbeiten.

Man sollte hier unbedingt bemerken, daß wir Spätberufene aus dem Norbertuswerk nicht die einzigen Dreißigjährigen sind. Zwei sind aus anderen Schulen in diesem Weihekurs gewesen. Sie kamen beide aus dem damaligen Westen hier in den Osten. Das war eine ganz beachtliche Lebensentscheidung. Sie hätten, wenn man es weltlich betrachtet, beide damals „drüben" viel größere Chancen gehabt, etwas zu werden, als hier in der Diaspora des Ostens. Der eine wollte eigentlich Afrikamissionar werden. Der andere hatte eine hochqualifizierte westliche Gymnasiumsausbildung und sprach noch im Traum fließend Latein und Griechisch. Nun kann man in einer kleinen Diasporapfarrei höchst selten mit jemandem lateinisch oder griechisch reden. In der westlichen Kirche hätte dieser begabte Mann aber vielleicht ein priesterliches Betätigungsfeld gefunden, in dem seine Sprachenkenntnisse zum Tragen gekommen wären. Das ist nun einmal in unserer Branche so. Nicht alles kann man mit dem Maßstab der Ökonomie messen. Meine Talente als verhinderter Opernariensänger kann ich auch immer nur unter der Brause oder beim Fasching ins Spiel bringen. Meine mathematische Begabung hätte freilich jede Diözese baldmöglichst in den Ruin getrieben, wenn ich Finanzreferent am Bischöflichen Amt geworden wäre. So hat jeder seine Stärken und seine Schwächen. Die Mischung kann man nicht selber herstellen. Wer Mut zur Selbsterkenntnis hat, versucht vielleicht, das Gemisch seiner Daseinszutaten etwas auszugleichen. Meist gelingt das genau daneben. Denn Selbsterkenntnis ist der erste Weg zur Verstellung. So hat es jedenfalls Bismark gesagt. Mit der Mischung, aus der mich meine Vorfahren zusammengesetzt haben, lebe ich, treibe ich Seelsorge, rede ich, lache und weine ich und komme ich hoffentlich am Ende oben gut an. So gesehen ist ein dreißigjähriges Priesterjubiläum auch ein Fest der glaubenden und nichtglaubenden Mitmenschen. Sie schließlich mußten dieses Gemisch ertragen. Die Glaubenden sind da schlecht dran. Sie sind gerade auf mich angewiesen. Auswahl zur Selbstbedienung mit Priestern gibt es da nicht.

Die Nichtgläubigen brauchen sich nicht mit mir abzugeben, wenn sie nicht wollen. Die Gläubigen müssen aber zu mir in die Messe kommen, wenn sie eine Messe mitfeiern wollen, und in weitem Umkreis gibt es keine anderen Priester. Da spielt es keine Rolle, ob die Leute mich schön finden oder nicht. Ganz nebenbei: auch ich muß alle Leute so annehmen, wie sie sind. Ich kann mich nicht an die Kirchentüre stellen und die Kirchenbesucher sortieren: wessen Nase mir nicht paßt, kommt nicht in die Messe. Kirche besteht hauptsächlich daraus, daß man sich gegenseitig mit Geduld, Mut und einem kleinen Lächeln erträgt. Auch das ist eine Erfahrung von dreißig Jahren Priestersein. Ich staune pausenlos darüber, wie mich die Katholiken ertragen. Denn ich kann manchmal mit einer sehr scharfen Zunge Schaden anrichten. Man kann nur hoffen, daß man nicht dreißig Jahre lang wie ein Panzernashorn Pfade durch die Seelsorgelandschaft getrampelt und dabei blühendes Leben in den Lehm gestampft hat. Die Mitmenschen haben selten den Mut, uns zu sagen, wo wir etwas verkehrt machen. Wir Priester haben genauso selten die Gelassenheit, auch einmal den bitteren Tee zu trinken, wenn die Gemeinde uns kritisiert. Man schnappt schnell ein. Das Ausschnappen kann Monate dauern. Manchmal wird das Priestersein völlig verkannt.

Im D-Zug Berlin-Magdeburg stand ich vorschriftsmäßig-priesterlich mit dunklem Anzug und weißem Kragen und schaute aus dem Fenster auf die NBL – das heißt: auf die neuen Bundesländer. Da trat jemand zu mir und redete mich als Kellner von der Mitropa an. Er beschwerte sich, daß ich ihn nicht bediente. Im Krankenhaus hat mich jemand für den Frisör gehalten. Dabei habe ich noch niemanden über den Löffel balbiert. Die andere Art von Verkennung ist genauso schwierig. Manche glauben, ein Priester müsse alles können. Ich soll wissen, wie jemand mit der Steuererklärung klarkommt. Ich soll raten können, wie man seine Kinder zum Spinatessen und Bravsein erzieht. Ich muß wissen, wo im Pfarrhaus der Hauptwasserhahn versteckt ist.

Es ist sehr schön, wenn man von den Mitmenschen angefragt wird. Nur eins sollte in aller Deutlichkeit gesagt sein: Wunder wirken kann nur ungefähr jeder hundertdritte Priester oder Bischof. Ich falle offensichtlich nicht in diese Kategorie. Also muß unsereins mit ganz normalem Handwerkszeug den Glauben bezeugen und verkünden. Dieses normale Handwerkszeug sollte allerdings in Ordnung sein: ein aufgeweckter Verstand, ein sensibles Gemüt, ein warmes Herz, ein tapferer Glaube und ein fröhliches Lachen. Nun ja, das wäre der Wunschzettel für die Ausrüstung der priesterlichen Existenz. Was unsereins davon in seinem Werkzeugkoffer mitbringt, wird nicht so berühmt sein. Die Verschleißerscheinungen nach dreißig Jahren sind sicher nicht gering. Rostflecken wird es auch geben. Ab und zu sollte man eine Gewissenserforschung halten. Die härteste Gewissenserforschung wurde mir in der Bahn bei Frankfurt-Oder serviert. Da saßen zwei Eisenbahner, solche kräftigen, jungen und handfesten Gleisbauer. An mir war zu entdecken, daß ich Priester sei. Die beiden nahmen eine ganze Weile keine Notiz von mir. Ohne Vorwarnung kam dann plötzlich die Frage: „Glaubst du an das, was du predigst?" Nach drei Jahrzehnten Priesterleben soll man dem lieben Gott für diese zwei Eisenbahner dankbar sein. Sie haben die entscheidende Frage gestellt.

Die Erfindung der Eva

In der Heiligen Schrift gibt es gleich zwei Berichte über das Erscheinen der Weiblichkeit auf unserer Erde. Der erste läßt den Menschen sofort als Mann und Frau in die Geschichte treten: „Und Gott schuf den Menschen nach seinem Bilde, nach dem Bilde Gottes schuf er ihn, als Mann und Frau schuf er sie." Der zweite Schöpfungsbericht bringt die berühmte Rippe des Adam als Ausgangsposition Evas. Adam träumt einen tiefen und sicher auch ganz schönen Traum. Da nimmt Gott eine von seinen Rippen. Die Bibel sagt weiter: „Dann baute Jahwe Gott die Rippe, die er vom Menschen genommen hatte, zu einem Weibe." Man sieht, daß Evas Erscheinen ge-

Schlachtschiffes von ferne erblickt und dann selig über Glatteis zurückschlittert, um zu Hause Krach mit den Eltern zu bekommen. Bedeutende deutsche Dichter haben über dieses Thema Informatives geschrieben. Die Stelle meiner ersten Liebeserklärung weiß ich noch. Eigentlich wollte ich dort einen Baum pflanzen. Das geht aus technischen Gründen aber nicht. Es war bei einer mäßig hellen Mondnacht mitten auf dem Asphalt einer städtischen Straße. Damals störten noch keine Autos die Liebe. Das Mädchen, auf das ich ein bis zwei Augen geworfen hatte, ist mir völlig aus diesen entschwunden. Seltsam, auch diese kleine Jugendliebe ist doch von ihrem Wert her nichts Unbedeutendes. Vielleicht war ich später nie mehr so ganz auf einen anderen Menschen gerichtet wie damals bei der Mondscheinasphaltliebeserklärung, bei der es nicht einmal einen Kuß gegeben hat.

Eine andere Liebe ohne Liebeserklärung hatte jene Qualität, von der das deutsche Volkslied singt: „Die Liebe klebt wie Bärendreck, man kriegt sie nicht vom Herzen weg." Diese Dame hatte schon das Recht, mir zu sagen, wie sich ein Jüngling kleiden müsse, um nicht wie ein intellektueller Gammler auszusehen. Wenn ein Sechzehnjähriger in der schönsten antiautoritären Phase seines Lebens sich etwas von einem Mädchen sagen läßt, muß es schon sehr weit gekommen sein. Ein Atomkraftwerk soll dagegen wie ein sanfter Bunsenbrenner wirken. Allerdings mischte sich die himmlische

Regierung in das Geschehen ein. Mein Weg führte nicht zum heimischen Herd, sondern zur Zentralheizung des Norbertuswerkes in Magdeburg und damit also in die höhere Papstlaufbahn. Die Enkel dieses weiblichen Geschöpfes von großem Liebreiz toben mir fleißig um die Füße herum, wenn ich dort einen Kaffee trinke, was aber selten vorkommt, weil zu viele Kilometer dazwischenliegen. In der Theologenzeit dachte man ab und zu auch einmal über den Unterschied zwischen einem theologischen Nachschlagewerk von 1867, in Schweinsleder gebunden, und einem blonden Zopf, kombiniert mit blauen Augen, nach. Die Damen trugen damals noch richtige Zöpfe. Ich spürte deutlich, daß manches Mädchen meiner unbestreitbar vorhandenen Schönheit nachschaute. Bei mir gab es aber eine natürliche Schutzwehr. Mit nicht allzuviel über einmeterfünfzig Leibeslänge schrumpft der Kreis der Bewerberinnen erheblich zusammen. Die Vorgesetzten hatten wohl in dieser Richtung mehr Sorgen um mich als ich selbst. Für schlesische Prälaten und Professoren hat das rheinische Temperament immer etwas Bedrohliches an sich. Es ahnt ja keiner, wie schüchtern ich eigentlich bin.

Nach der Priesterweihe wurden wir aus der Behütetheit des Seminars in die freie Wildbahn entlassen. Mit großem Erstaunen nahm ich zur Kenntnis, daß man plötzlich von Dutzenden schönster Evastöchter umgeben war. Da sitzt du als junger Kaplan in der Gruppenstunde zwischen dreißig miniberockten Geschöpfen und schielst dauernd nach der Lampe an der Decke, weil das der einzige Ort ist, auf den ein bisher naturgeschützter Theologe überhaupt schauen kann. Es hatte uns im Seminar auch keiner verraten, wie man damit zurandekommt, bei der Religiösen Kinderwoche eine zarte Blüte von Mädchen auf den Arm aus dem Zelt zu transportieren, weil sie umgekippt ist. Im Seminar hatten sie uns gesagt, wir sollten immer einen Schreibtisch zwischen uns und einer Dame lassen. Wo bekomme ich im Zeltlager einen Schreibtisch her? Und wenn ich einen besorgt habe, wie kriege ich den in ein Zelt? Das sind schicksalshafte Fragen. Irgendwie stellt sich der Kaplan auf die Füße und entschließt sich, in dieser Welt zu leben, die aus Mann und Frau besteht. Das ist allerdings in einer Kirche nicht leicht, die zwar wunderbare Frauengestalten als Heilige hat, sich aber mit den derzeit lebenden Frauen gar nicht leicht tut.

Es ist die Frage, ob jemanden die Adam-Eva-Romantik noch interessiert, der selbst schon nicht mehr im Mai des Lebens, sondern ungefähr Ende September desselben lebt. Diese Fragestellung ist verkehrt. Ich freue mich doch immer über die Weintrauben, auch wenn ich keinen Wein im Keller habe. Der Mensch geht nie aus dem Spiel heraus, das mit Adam und Eva begonnen hat. Ich kann und darf mich nicht zu einem Neutrum machen, wenn ich das bin, was man früher Hochwürden nannte. Ich kann und darf auch die Frauen nicht zu neutralen

Geschöpfen degradieren, wenn ich ihnen in der Gemeinde und im pastoralen Dienst begegne. Eine Kirche ohne Frauen ist wie ein sonntäglich geputztes Zahnarztlaboratorium, nützlich, aber kalt. Die Klosterkirche von Neuzelle, neben der ich schon lange Jahre wohne, hat sehr viele Heiligenstatuen auf ihren Altären. So ungefähr die Hälfte von ihnen sind Frauen. Ich komme mir in dieser Kirche immer so vor, als wenn ich um die Gleichberechtigung der Männer kämpfen müsse. Wenn man alle diese Elisabeths, Marien, Agneten, Cäcilien, Hedwigs, Apolonien und Maria Magdalenen von ihren Postamenten holen würde, wäre die Kirche kahl wie eine Scheune. Ich will aber keine Scheunenkirche. Wir Männer stellen eine Kirche nach allen Regeln moderner Liturgiewissenschaft hin. Aber irgendwie bleibt ein Unbehagen, ein ungelöster Rest. Die Gemeindereferentin kommt und schleppt einen Blumenstrauß heran. Sie rückt den Priestersitz eine ganze Kleinigkeit nach rechts, dreht den Leuchter zwei Millimeter nach links, und schon wirkt die Kirche bewohnt. Aus der hohen Feiertagshalle wird ein Raum zum Leben und Loben. In der Seelsorge ist das ähnlich. Wir Männer marschieren los, um pastorale Maßnahmen einzuleiten. Frauen gehen, um den Menschen nahe zu sein.

Der Mensch muß auch im hohen Alter immer noch lernen. Es hat lange gedauert, bis ich begriffen habe, daß man sich bei einer Mitarbeiterin für eine zu vorlaute Bemerkung entschuldigen muß. Es hat mindestens genausolange gedauert, bis ich gelernt habe, in der Mitarbeiterin nicht den Packesel für alle die Lasten zu sehen, die ich selbst nicht tragen will. Irgendwann war dann klar, daß die Evas das Recht haben müssen, mich zu korrigieren. Ich bin nicht verheiratet. Wer sagt mir denn, daß ich herumlaufe wie eine Kreuzung zwischen Oberförster und Beerdigungsinstitutsleiter: schwarze Hose, grüne Jacke und speckiger Kragen?

Radioaktive Strahlungen können verschieden stark sein. So geht es auch mit den Damen meines Lebensraumes. Manche finde ich ganz einfach nett. Vor anderen gehe ich unauffällig in die nächstmögliche Deckung. Andere lassen meine Pulsfrequenz um sieben bis fünfundzwanzig Schläge schneller werden. Wenn ich bestimmte Nasen in den Kirchenbänken entdecke, steigert sich meine Predigt in ein Meisterwerk von Dichtung und Wahrheit. Das Leben ist bunt. Ich finde es schön. Der Balanceakt meines Lebens auf dem Drahtseil ist sicher kein Spaziergang auf dem Kudamm. Es kann einem schon manchmal schwindlig dabei werden. Der Zölibat ist erst geschafft, wenn die fromme Gemeinde voll Rührung auf meinen Sarg herunterschaut und die drei Brocken Erde draufwirft. Ab und zu möchte man auch das Recht haben, im Gras zu sitzen und ein Tränchen zu heulen. Meine Zähne fallen langsam, aber sicher aus. Es ist kein Enkel da, der dafür neue Beißerchen bekommt. Meine Haupthaare verlassen büschelweise ihren angestammten

Wachstumsort. Es ist keine Enkelin da, deren schwarzes langes Haar ein würdiger Ersatz für meine rötlich-grauen Zotteln liefern würde. Ganz am Ende oder besser ganz am neuen Anfang im Himmel wird sich erweisen, daß alles richtig und einfach war. Wir werden uns an den Händen fassen, eine bunte Kette bilden und um Adam mit seiner Eva tanzen.

Wenn der Wecker klingelt

Wenn ich behaupten würde, daß in meinem Haushalt ein Wecker klingelt, dann ist das eine Lüge. Mich weckt auch kein Telefonweckdienst der Deutschen Post. Es gibt in meinem Schlafzimmer zwei andere Möglichkeiten, meine schönen Träume in das harte Leben zu überführen. Die erste Möglichkeit ist das aufdringliche elektronische Piepsen eines Minireiseweckers, der so klein ist, daß er sich vor sich selbst verstecken kann. Aber seine Lautstärke hat es in sich. Damit paßt der Wecker haargenau in meinen Lebensstil: klein und laut. Die andere Möglichkeit, mich zu wecken, besteht aus einem Geschenk, das einem der neuen Versandhauskataloge zufolge in meiner Wohnung erschien. Das Ganze sieht aus wie ein Hahn mit einem Zifferblatt auf dem Bauch. Zur vorgeschriebenen Zeit fängt dieser nachgemachte Hahn an, elektronisch zu krähen. Das ist bei mir um fünf Uhr fünfzehn. Das Hahnengeschrei hört sich täuschend echt an und dringt durch drei Nachbarzimmer. Eine fromme Ordensfrau drei Türen neben mir dachte schon, sie hätte Halluzinationen und müßte zum Psychotherapeuten, als der Hahn sein Konzert begann. Ich mußte ihr den Wecker erst in Natur vorführen, ehe sie sich beruhigte. Das Hahnenkikkeriki läßt sich noch ertragen. Aber irgendein kreativer Mensch hat dem Hahnenwecker auch noch eine Stimme eingebaut. Die säuselt am Ende des Hahnenweckertons mit kindlicher Stimme ein sanftes: „Guten Mooorgeen!" Das hält keiner aus. Ich habe beschlossen, den Wecker an die Wand zu werfen, muß den Plan aber mit Rücksicht auf den Spender des Weckers aufgeben.

Es gelingt mir, ohne erhebliche Schwierigkeiten und Zeitverzögerungen das warme Bett mit dem Alltag zu vertauschen. Nach dem für Mitteleuropäer üblichen Zähneputzen beginnt ein schöner Teil des Tages. Es ist die ganz stille Morgenstunde, in der man ungestört eine halbe Stunde vor dem Kreuz hocken kann und auf den Heiligen Geist wartet. Kommt er, ist es gut. Kommt er nicht, ist es auch gut. Man nennt diese Zeit in der Fachsprache Meditation. Das Wort ist viel zu kompliziert. Es sind dreißig kostbare Minuten, in denen ich nur einfach dasein will, weil Gott auch da ist. Dazu braucht der Mensch ein Kreuz und eine Kerze und eine Möglichkeit, entspannt zu knien. Vorher nehme ich den Schott zur Hand und schaue mir das Tagesevangelium an. Ich habe keineswegs die Absicht, in der halben Stunde der Betrachtung diesen Evangeliumstext kritisch zu analysieren, theologisch zu durchdenken und formgeschichtlich einzuordnen. Mein Schauen in den Evangeliumstext ist ungefähr so, als wenn ich den Blick auf ein wogendes Kornfeld werfe oder mir einen schönen Garten anschaue oder einen gewaltigen Baum bewundere. Da zählt man ja auch nicht die Halme des Korns oder die Tulpen im Beet oder die Äste der Eiche. Bei der Betrachtung gibt es keinen Leistungsdruck. Es muß nichts dabei herauskommen. Ich muß am Ende niemandem ein Ergebnis vorweisen. Ich muß auch nicht verkrampft auf eine „Erleuchtung" warten. Eine halbe Stunde Betrachtung kann sehr nüchtern sein. Warum sollte sie es eigentlich nicht? Man kann nicht dauernd durch die Welt des Glaubens dampfen wie eine auf Weißglut geheizte Lokomotive. Ich muß lernen, daß das Maß der Religiosität nicht die Fülle der Emotionen ist. Also bleibt die stille halbe Stunde am vorderen Ende des Tages. Aus der Gelassenheit dieser halben Stunde spüre ich, daß ich nicht der Seelsorgemanager bin und nicht der Glaubenskonstrukteur. Wir sind ganz einfach Beschenkte, damit wir weiterschenken können. Es ist gut, eine kleine Weile von den lauten Dingen Abstand zu gewinnen, um dem leisen Pfingstgeist Raum zu geben.

Um sieben Uhr ist in der schönen Kapelle mit den Schwestern Eucharistie. Die heilige Messe am Morgen ist so wie das Öffnen der Fensterläden. Vorher kann ich noch nicht richtig in die Weltgeschichte gucken. Freilich muß keiner denken, jede Messe wäre ein Freudenfest mit innersten Erlebnissen und mystischen Erbauungen. Die Messe am Morgen kann sehr still und nüchtern sein. Ab und zu kommt auch dem Hochwürden am Altar Kraut und Rüben in den Sinn. Wenn man sich nicht einbildet, Gott müßte für mich bei der Messe alle Register der Emotion, des Glücksempfindens und des tiefsten Ergriffenseins spielen, lernt man diese einfache Art der heiligen Messe als Lebensnahrung schätzen. Ich feiere sie, und alle Dinge haben ihren Ort und ihren Wert. Das ist so wie das Meeresrauschen. Immer schlagen die Wellen an die Ufer. Mehr ereignet sich nach außen nicht, aber das genügt. Nach der heiligen Messe wird dann das Radio eingeschaltet, vorher nicht. Wenn die Welt untergegangen ist, bekomme ich das auch noch in den Acht-Uhr-Nachrichten gesagt. Es erbost mich immer, wenn diensthabende Geister in der Sakristei schon vor der Messe berichten, in Nordspanien habe eine Kuh ein Kalb mit zwei Köpfen geboren, oder ein Verkehrspolizist in Ohio habe beim Verkehrsregeln seine Trillerpfeife verschluckt. Jetzt will ich keine verschluckten Trillerpfeifen und keine Kälber mit zwei Köpfen. Der heutige Tag wird noch genug von Normalem und Kuriosem in meine Stube transportieren.

Es fängt schon bald an, kurios zu werden. Die Gemeindereferentin ruft an. Bei ihr ist ein Mensch erschienen, der ganz dringend einen Priester in einem schweren persönlichen Problemfall benötigt. Soll er kommen. Nach einer Weile klingelt es. Ein mächtiger Bart mit etwas Gesicht steht vor der Tür. Er bringt sein persönliches Problem gleich zur Sprache. Man habe ihm in Rostock aus dem Abteil den Mantel, das Geld und den Paß gestohlen, während er im Speisewagen war. Er sei von der katholischen Sozialeinrichtung Hollands und müsse jetzt mangels Fahrkarte und Geld nach Amsterdam trampen. Na gut, zunächst bekommt der Mann mit dem Bart eine Kanne Kaffee und einen Berg belegter Brote. Dann fällt mir auf, daß der Problembeladene eine totale Glatze hat. Es ist aber naßkalt draußen. In meinen Schränken befindet sich noch eine Baskenmütze aus den Auflösungszuständen der Roten Armee. Sie gehörte einem Gardesoldaten und hat dementsprechend einen riesigen Sowjetstern mit viel goldenem Eichenlaub drumherum als Mützenabzeichen. Der junge Sowjetbürger hat seine Mütze gegen Schnaps eingetauscht und sie dann seinem Unteroffizier als Verlust gemeldet.

Diese Mütze nun bekommt der ratsuchende Mensch auf sein Glatzenhaupt gestülpt. Das Abzeichen kann man entfernen. Er nimmt es als Andenken mit. Ein Griff ins Portemonnaie, ein bißchen Geld muß der Tramper ja auch haben, wenn sein Geld schon entwendet wurde. Nachher fallen mir einige Gedanken ein: Wenn mir in Rostock im D-Zug alles gestohlen würde, würde ich nicht über Neuzelle nach Amsterdam trampen. Zweitens: Wenn ich in der Bahn in den Speisewagen gehe, lasse ich mein Geld nicht im Abteil. Nach meinen Erfahrungen muß der Normalbürger im Speisewagen bezahlen, was er verzehrt. Also muß er auch seinen Geldbeutel einstecken haben. Mag dieser Jüngling dahinziehen. Der liebe Gott wird die Sache schon richtig verrechnen. Vielleicht wollte er nur einmal meine Trägheit im Gutestun auf ein bißchen mehr Schwung bringen.

Kleine Pause, man könnte kurz vor Mittag mal eben in ein Buch schauen und überprüfen, welcher Papst als erster eine Brille getragen hat. Daraus wird nichts. Es ist nun wirklich schon zwölf Uhr und Zeit, meinem knurrenden Innenleben einige Nahrung zuzuführen. In den Genuß von Bohnensuppe und Schokoladenpudding mischt sich das Telefon. Mein Vetter vom Rhein ist am Apparat und übt herbe Kritik an mir. Wir hätten schon lange die Wende. Ich hielte mich aber bedeckt und ließe mich am Telefon überhaupt nicht hören. Das wäre nicht gut von mir. Man müsse die Verwandtschaft pflegen. Es ist aussichtslos, einem Menschen am Rhein, der einen Mercedes 560 fährt, etwas über einen

Menschen an der Oder klarzumachen, der bis jetzt Trabant fuhr. Von der Wende und der Einheit Deutschlands bis zum funktionierenden Telefonnetz ist der Weg genau so weit wie von der Erfindung des Feuers bis zum Mikrowellenherd. Dann muß ich mühsam erläutern, daß die Kirche hier keineswegs unter dem Ansturm von bekehrungswilligen ehemaligen Sozialisten aus den Nähten platzt. Am Ende des Telefongesprächs versichern wir uns gegenseitiger Wertschätzung und ungetrübten Verwandtschaftsverhältnisses. Der Abschiedsgruß klingt ermunternd freundlich: „Ihr müßt jetzt Geduld haben!" Wieso nur wir?

Inzwischen ist die Sonne schon um mein Wohnzimmer herum auf mein Badezimmerfenster zu marschiert. Ins Flurfenster schaut sie nicht. Das geht nach Norden und gibt mir den Blick zum Friedhof frei. Der ist ja sozusagen die Wartehalle für den Himmel. Da weiß man immer, wo es langgeht. Wenn der Tag sein Tempo draufbekommt, muß der kluge Erdenbürger die Kunst beherrschen, ab und zu mal einen Atemzug voll anderer Luft einzuatmen. Der Blick zum Friedhof stellt die Maßstäbe wieder her. In meinem Arbeitszimmer hängt ein alter Korpus aus Eichenholz. Er ist pechschwarz, weil fromme Seelen ihn früher regelmäßig geteert haben. Da hält so ein Holz schon ein Jahrhundert Wind und Wetter aus. Ich liebe es, wenn in meiner Behausung ein großes Kreuz hängt. Schließlich muß der Mensch irgendwohin schauen können, wenn es hektisch wird. Also kann mein Auge sich eben einmal für eine Sekunde von den Tasten der Schreibmaschine lösen und bei dem Kreuz Ruhe suchen.

Eine kleine Mittagspause läßt sich einschieben. Es ist gut, daß das Brevier handgerecht neben meinem Schreibtisch unter einer Zimmerpalme liegt. Da vergißt man nicht, daß das Stundenbuch zu meinen Aufgaben gehört. Es warten viele Menschen darauf, daß ich beim lieben Gott in ihren Anliegen anläute. Heute war in der zweiten Lesung des Stundenbuches die Rede davon, daß wir ein öffentliches und gemeinsames Gebet pflegen: „Unser Gebet ist öffentlich und für alle." Solche Sätze sind wie ein Rippenstoß, damit ich wichtige Dinge nicht vergesse. Ich habe mir die einzelnen Tageszeiten des Breviers in Themenkreise aufgeteilt. Das Mittagsgebet ist immer für meinen Weihekurs. Die Vesper wird für alle gebetet, denen ich irgendwann einmal ein Gebet versprochen habe. Der Mensch ist ein sehr vollmundiges Wesen. Er verspricht und verspricht und verspricht und vergißt und vergißt und vergißt. Darum ist es gut, eine Gebetszeit zu haben, in der man auch das großartig Versprochene und leichtsinnig Vergessene sammeln kann. Die Komplet ist für meine Familie. Da gehört einer dazu, der hat in den Altbundesländern einen riesigen Betrieb mit erheblichen Umsätzen. Immer wenn es da geschäftlich ein bißchen schaukelt, ruft er an und will, daß ich bete. Nun bin ich zwar kein Wirtschaftswunderzauberer, aber man darf laut

Bibel alle Sorgen vor Gott tragen. Also machen wir es auch.

Nachmittags ist mein Geist nicht mehr gewillt, sich mit fremden Sprachen in alten Büchern abzugeben. Da wird manches Technische in Angriff genommen. Einige Postsachen können erledigt werden, aber das sind nicht die Briefe, die später in einem Sammelband als Lebenswerk des Einsiedlers von Neuzelle herausgegeben werden. Es ist mehr der Alltagskram von Korrespondenz mit Verlagen oder die Absprache von Terminen. Der Abend ist dann erstaunlich schnell da, es war doch eben noch Morgen. Man muß sehr aufpassen, daß einem die Zeit zwischen Hahnenschrei und Sonnenuntergang nicht durch die Finger rinnt wie durch ein Sieb mit Löchern. Es scheint das große Kunststück weniger Menschen von heute zu sein, Zeit zu sammeln und bewußt zu nutzen. Ich gehöre sicher nicht zur Spitzenklasse dieser Leute.

Gestern fragte mich ein liebenswürdiger alter Herr in einer Pause seiner Dauerbeschäftigung mit der Lieblingskatze: „Sagen Sie mal, Sie sind doch Priester! Was machen Sie denn eigentlich?" Ich holte tief Luft, sammelte meine Gedanken konzentriert auf einen Punkt in meinem Gehirn und begann zu reden: „Ich feiere früh die heilige Messe mit den Ordensschwestern!" Dann war Stille. Es wollte mir partout nicht einfallen, was ich denn noch so an Dingen täte, die man abrechnen, stapeln, vermarkten, vorzeigen und vor der Welt als nützlich beweisen könnte. Ich operiere keinen Blinddarm, ich verkaufe keine Gebrauchtwaren, ich handle nicht mit Sekt, ich bediene keinen Computer. Ich bin kein Psychotherapeut und kein Moderator, kein Schlagersänger und kein Friseur, der den Leuten den Kopf wäscht und ihnen ein jüngeres Aussehen verleiht. Ich werde morgen früh beim Hahnengeschrei wieder munter aus den Federn hüpfen, mutig das kalte Wasser in die Nähe meines Körpers bringen, meinen Hals mit einem weißen Hemd schmücken und in der hohen Kapelle das Meßopfer feiern. Dann werde ich Quark und Honig auf die Stulle verteilen und sehen, was der Tag mir zuträgt. Ich werde morgen abend die Komplet beten wie schon seit Jahrzehnten, den Hahnenschreiwecker auf die richtige Zeit einstellen, über den Mond schimpfen, der mir genau auf die Nase scheint und schlafen. Leute aus der Umgebung behaupten, ich schliefe sehr laut. Es ist aber nicht so laut, daß ich selbst davon aufwachte. Nach einer Weile wird der Hahn wieder krähen. Dann muß der Mensch wieder wach sein für das, was im himmlischen Terminkalender für diesen Weyers-Tag vorgeplant ist. Mehr tue ich nicht, mehr kann ich nicht. Mehr braucht der Mensch auch nicht zu können.